Hoffmann | Möller

Mut zur Erziehung

AF144384

ZU DIESEM BUCH

Kinder betreffen uns alle: gestern, heute und morgen. Die Eltern, Mutter und Vater, die Familie oder andere gewählte Formen des Zusammenlebens, unsere Gesellschaft und der Staat, sie alle haben Bedeutung für unsere Kinder. Ihre Rollen jedoch sind unterschiedlich. Eine Gesellschaft *ohne* Kinder ist um ihre natürliche Zukunft ärmer gemacht.

Die Autoren dieses Buches zielen auf die aktuelle Diskussion um Betreuungskonzepte, Ganztagsunterbringung, Kitas und ganztägliche Beschulung unserer Kinder ab. Sie gehen mit klarer Sprache, gleichfalls konsequent und unverhohlen mitten hinein in die Themenstellung unserer Zeit und stellen die herausgehobene Bedeutung von Mutter und Vater fürs Kind "vom Kopf wieder auf die Beine". Es geht ums Primat elterlicher Erziehung.

Das Buch ist genauso ein praktischer Ratgeber für den Orientierung Suchenden wie andererseits ein Impulsgeber fürs Besinnen auf die natürlichen Werte und Kräfte im täglichen Umgang mit unseren Kindern bzw. deinem Kind.

Es zeigt an wie darüber am Ende hohe Kosten in der öffentlichen Erziehung gespart werden können – und zwar genau in der Reihenfolge. Unser Erziehungs- und Bildungssystem ist in seiner jetzigen Form im Kern nicht nur unpädagogisch, es ist zudem mittel- wie langfristig unbezahlbar.

Die Autoren sprechen mit Menschlichkeit und Wärme und einem gleichfalls vortrefflichen Scharfsinn in der Beschreibung, um von mancher Fragwürdigkeit unserer Zeit auf die Normalität zurückzuführen.

Dabei wird nicht außer Acht gelassen, dass Kinder letztendlich in die Erwachsenen-Welt hinein müssen – und zwar freiwillig. Die Autoren stellen dabei heraus, dass moderne Kommunikationsmedien der Erziehung keinesfalls entgegenstehen und fürs "erwachsene Leben" am Ende notwendig sind. Sie sind unverzichtbarer Teil unserer Gesellschaft und Zeit.

Auch wenn darüber der Wunsch nach einem Delegieren ans Medium oder auch an den Staat aufkommen kann, bleibt Erziehung ein individueller und damit einmaliger, natürlicher Vorgang, der sich nicht übertragen lässt. "Mut zur Erziehung" bedeutet, dass natürliche Erziehung bleibend in der Liebe gründet. Und ist dies erkannt, hat das Konsequenzen …

ÜBER DIE AUTOREN

Gustav Hoffmann, geboren 1922 in Hamburg, in Hamburg ausgebildet, ist Doktor der Philosophie und studierter Pädagoge. Er war über 19 Jahre lang Schulleiter an einem Hamburger Gymnasium.

Peter-Alexander Möller, geboren 1954 in Hamburg, in Hamburg ausgebildet, ist Doktor der Philosophie und studierter Pädagoge. Er ist Autor, Stifter und Unternehmer in der Gesundheitsbranche.

Gustav Hoffmann und Peter-Alexander Möller

MUT ZUR ERZIEHUNG

Starke Kinder brauchen starke Eltern

BoD

Bibliografische Information der Deutschen National-bibliothek:
Die Deutsche Nationalbibliothek verzeichnet diese Publikation in der Deutschen Nationalbibliografie; detaillierte bibliografische Daten sind im Internet über http://dnb.dnb.de abrufbar.

Veröffentlichung im BoD Verlag GmbH,
Norderstedt, Februar 2014

Umschlagsillustration: Jette Bækgaard, Danmark

Herstellung und Verlag:
BoD – Books on Demand, Norderstedt

Printed in Germany

ISBN: 978-3-735-78756-9

Für unsere Kinder

Das, was der Erzieher sich vornimmt,
ist unmöglich.

Niklas Luhmann

INHALT

VORWORT   11

TEIL EINS

GLAUBEN AN SICH SELBST   15

MIT GEDULD UND EINER LANGEN LEINE   15

UND NICHTS ALS DIE WAHRHEIT –
AUFRECHT SOLLST DU GEHEN   27

DIGITAL NATIVES & CO. – ODER:
PESTALOZZI MEETS MCDONALD'S   29

AUF DEM BODEN DER LIEBE – ODER:
DIE LIEBE SPRICHT IN TÖNEN   30

GRAU TEURER FREUND IST ALLE THEORIE
UND GRÜN DES LEBENS GOLDNER BAUM   32

ÜBERLEGT UND AUS DEM BAUCH HERAUS –
ODER: AUS VERNUNFT UNVERNÜNFTIG   35

ANGST FRESSEN SEELE AUF UND DIE
SPONTANEITÄT GLEICH MIT   40

VON MECHANISCHEN PUPPEN – ODER:
DEM ZUFALL (S)EINE CHANCE   46

VON DER PROFESSION DER
GANZHEITLICHKEIT IN DER ERZIEHUNG –
DEIN IST MEIN GANZES HERZ   49

VIRTUELLE WELTEN – VIRTUELLE MORAL –
VIRTUELLE ERZIEHUNG   51

SYSTEMATISCH UNSYSTEMATISCH   52

DAS OHR AN DER WAND UND DIE KUNST
DES ÄLTERMACHENS   55

DEN ELTERN DAS LETZTE WORT   64

RELIGIOSITÄT IM ERFAHREN VON
ANFANG UND ENDE   65

TEIL ZWEI

ERZIEHUNG WOHIN – VOM SUCHEN UND
FINDEN EINER EIGENEN PERSÖNLICHKEIT 71

ALLE DÜRFEN ES UND NUR ICH NICHT 75

UNSER KIND IST KRANK, ICH MUSS ZUM ARZT 76

SEXUALITÄT 76

AN DIE WAND GESPIELT UND LEINEN LOS 79

ARBEITS- UND FAMILIENWELTEN 84

VOM ERKENNEN DER BEGRENZTHEIT, DEM
AKZEPTIEREN UND SPASS AN DER FREUD BIS
ZUM LEBEN IM EXTREMFALL 87

BEGRENZT UND UNBEGRENZT 91

SMARTPHONE – VON "ALWAYS-ON" ZU
"ALWAYS-IN-TOUCH" 102

PHANTASIE UND TRAUMWELTEN 104

MUTTER UND BERUFSTÄTIGKEIT 105

SCHUL-PARADOX 109

VATER, MUTTER, KIND UND SCHULE – ODER:
ALLES IM PLAN 113

AUTORITÄR | ANTIAUTORITÄR 119

WER A SAGT, MUSS AUCH B SAGEN 120

IDEALISMUS OHNE ILLUSION UND
REALISMUS OHNE RESIGNATION 126

MIT MEDIEN KOMPETENT 134

EPILOG 149

LITERATUR 151

ÜBER DIE AUTOREN 155

Nur wer erwachsen wird
und ein Kind bleibt, ist ein Mensch.
Erich Kästner

Die Welt ist nicht nur sonderbarer,
als wir uns vorstellen;
sie ist auch sonderbarer,
als wir uns vorstellen können.
J. B. S. Haldane

Man muss zeitlebens die Welt
mit Kinderaugen betrachten.
Henri Matisse

VORWORT[1]

Elterliche Erziehung ist natürlicher als jede andere, auch professionelle Erziehung.

So wie Kinder ihre Eltern von Anbeginn an erziehen, und zwar die Mutter zum Mutter-Sein, den Vater zum Vater-Sein, gibt es darüber die dir gegebene Chance als "natürlicher Erzieher", als Mutter, als Vater. Nutze sie und erziehe dein Kind respektive deine Kinder! Sei deinem Kind eine natürliche Hilfe auf seinem Weg in die Welt der Erwachsenen.

Wir wollen Mut machen, wo vielleicht noch Zweifel besteht, ob und wo die elterliche, mütterliche, väterliche Aufgabe in der Erziehung deines Kindes oder deiner Kinder notwendig ist. Es ist – und das sei gleich vorweggenommen – eine starke Aufgabe, die womöglich hier und da einmal elterliche Gegenwehr verlangt und letztendlich eine beherzte Erziehung.

Was Kinder keinesfalls brauchen, sind gezielt als natürliche Erziehungsinstanz zermürbte Eltern. Sie brauchen in unserer nach Werten suchenden Zeit ins-

---

[1] Die Ausführungen sind entstanden auf Grundlage von Gesprächen, die wir in der Zeit vom Frühjahr 2012 bis Sommer 2013 zum Thema Erziehung gezielt geführt haben und deren Mitschnitte mittels Smartphone. Die Übertragung aus dem Mündlichen in die Schriftform ist kontinuierlich im fortlaufenden Gespräch erfolgt, wobei der Text in den weiterführenden Zusammenkommen mehrfach überarbeitet und zu einem Buch in Form eines Essays weiter entwickelt worden ist. Wir möchten um Verständnis für die Textbesonderheiten bitten, die auf der mündlichen Gesprächsform beruhen.

besondere dich, deine elterliche Liebe, Geduld und deinen Mut.

Unabhängig von deiner ganz persönlichen Lebensplanung gilt: Dies ist zu schaffen! Wie? Davon schreiben wir.

Dr. Gustav Hoffmann und Dr. Peter-Alexander Möller

Hamburg, im Oktober 2013

TEIL EINS

Keine ELTERLICHE Erziehung auszuüben, weil sie dem Staat überlassen ist, ist UNNATÜRLICH, daher falsch. Wenn dem so ist, gibt es zwei Thesen, die an den Anfang gestellt werden müssen.

Erste These: Mutter und Vater, also die Eltern, sind die NATÜRLICHEN ERZIEHER des Kindes und bleiben lebenslang die natürlichen Erzieher ihres Kindes. Sie sind nicht nur rechtlich, sondern auch ethisch für das Kind verantwortlich. Daher darf ihnen das Erziehungsrecht seitens des Staates nicht beschnitten werden.

Zweite These: Da Mutter und Vater jedoch aus fachlichen und zeitlichen Gründen staatliche Erziehungsinstitutionen benötigen, müssen sie in Zusammenarbeit mit diesen ihre Erziehung wahrnehmen. Auch für den delegierten Bereich haben sie die letzte Entscheidungsbefugnis und müssen dort auch insistieren können.

Um NATÜRLICHE ERZIEHUNG wahrzunehmen bedarf es auf Seiten der Mutter, des Vaters zunächst nur des Selbstvertrauens, nicht jedoch einer pädagogischen Ausbildung.

Begründung: Unsere Ahnen haben ohne Fachausbildung ihre Kinder zu selbstständig handelnden Erwachsenen erzogen. Sie haben sicherlich oft aus dem Bauch heraus gehandelt, also spontan. Sie waren ihren Kindern gegenüber weder durch Kinder-Jugend-Psychologie noch durch die Medien unterschiedlicher Art verunsichert oder gar verängstigt.

Was wir denen, die Hilfe benötigen, und denen, die sich gar nicht bewusst sind, dass sie die natürlichen Erzieher sind und bleiben – und zwar ein Leben lang – sagen müssen, um Hilfe für ihre Erziehungsaufgabe zu leisten, lautet wie folgt:

GLAUBEN AN SICH SELBST

Sobald wir lernen, uns selbst zu vertrauen,
fangen wir an zu leben.
Johann Wolfgang von Goethe

Zunächst einmal ist SELBSTVERTRAUEN des Erziehenden als Basis zu allem Weiteren notwendig. Was bedeutet Selbstvertrauen?

Selbstvertrauen ist GLAUBE AN SICH SELBST, an eigenes, individuelles Vermögen, sich im Leben gegenüber Schicksalsschlägen und Widerständen zu behaupten, "jederzeit den Kopf über dem Wasser zu halten".

Mehr nicht, aber auch nicht weniger! Lebenserfahrung – ob positiv oder negativ – verstärkt das Vertrauen zu sich selbst.

MIT GEDULD UND EINER LANGEN LEINE

Die Gelassenheit ist
eine anmutige Form des Selbstbewusstseins.
Marie von Ebner-Eschenbach

Im Erziehungsbereich ist vor allem eines notwendig: Das ist GEDULD. Ungeduld zahlt sich stets negativ im Erziehungsprozess aus.

"Moderne" Eltern haben viele Aufgaben zu bewältigen, ihre Umwelt ist komplex, und man braucht kein Prophet zu sein, um voraussahnen zu können, dass die Komplexität des Alltags in Zukunft höchstwahrscheinlich noch weiter zunimmt.

Dementsprechend heißt es, und man hört es oft: "Keine Zeit (mehr)". Dies ist ein "schrecklicher" Satz, insbesondere im Umgang mit Kindern. Man sollte ihn nach Möglichkeit vermeiden oder nur im äußersten Fall und zudem mit Umsicht verwenden, dann aber mit Begründung und Trost. So viel Zeit ist in der Regel immer!

Wodurch lassen sich Zeiten gewinnen? Zum Beispiel durch Beseitigung von Leer-Zeiten und unnötigen Pausen, Begrenzung der Zeiten im Internet, am Computer oder vor dem Fernseher, der ständigen Ruf-Bereitschaft gegenüber Smartphone oder Handy, auch dem Tablet-PC bzw. dem Erreichen des anderen oder selbst Erreicht-Werden durch den anderen oder die Automatismen etwaiger Medien und Maschinen, d. h. durch das Bewusstmachen von Wesentlichem und Beiläufigem und dessen beherzte Trennung. Weiterhin lassen sich durch Arbeitsteilung in der Familie, Umorganisation notweniger Arbeiten (beispielsweise Einkäufe zum täglichen Bedarf, Aufteilung alltäglicher teils auch kleiner Aufgaben zu Hause und so fort) Zeiten für Erziehungsaufgaben gewinnen.

Ein weiterer Erziehungsgrundsatz sollte die "LANGE LEINE" sein.

LANGE LEINE bedeutet für Eltern zunächst einmal, dass sie immer, zu jeder Zeit im Jahr "in der Erziehung verbleiben". Das bedeutet zugleich und auch, dass sie ein der Entwicklung des Kindes gemäßes, behutsames ALLEINE-LAUFEN-LASSEN zulassen müssen. Eine zu starke Gängelung, zu intensive Bevormundung und damit verbundene Kontrolle ist kontraproduktiv.

16

Sofern ich ein Kind zur SELBSTSTÄNDIGKEIT erziehen will, muss ich es im Laufe seines Kindseins, also der Stufe, in welcher es noch keine bewusste Verantwortung tragen kann und muss, behutsam und herausfordernd genug dahin bringen, dass es am Ende verantwortungsbewusst handeln kann – für sich sowie innerhalb der Gesellschaft und Umwelt.

Eine LANGE LEINE bedeutet einerseits das Kind in LIEBE zu begleiten. Es ist ganz bewusst das Wort LIEBE gewählt. Auf der anderen Seite heißt dies für den Erziehenden immer sprungbereit zu sein, um es, wo und wann immer machbar, frei laufen zu lassen. Dieses ist letztendlich "ein Eiertanz". Aber dieser "Tanz" gelingt umso besser, je näher man AM KIN-DE DRAN ist.

Dieses DRAN-SEIN bedeutet, dass ich als Erzieher immer wieder reflektieren muss darüber, was war mir persönlich in dem Alter, als ich so jung war wie jetzt mein Kind, eigentlich das Leichteste und was das Schwerste. Wo fand ich persönlich Freiheit des Handelns und wurde nicht von meinen Eltern – als den zur Erziehung Berechtigten – gemaßregelt und wo stieß ich auf Widerstände? Und warum waren diese Widerstände vorhanden – damals, als ich in dem Alter meines Kindes war? Diese Rückschau auf die eigene Kindheit gibt dem Erzieher die Nähe wieder, in der das eigene Kind heute steht, auch wenn sich die Umweltverhältnisse geändert haben. Und es ist völlig klar, dass diese Verhältnisse unserer Umwelt von Jahrzehnt zu Jahrzehnt wechseln. Manche Dinge werden leichter, manche schwerer. Das ist Erziehungswirklichkeit.

Beides, die GEDULD einerseits und eine LANGE LEINE andererseits hängen unmittelbar miteinander zusammen. Sie sollen dementsprechend eingehender betrachtet werden.

Da die Entwicklung des Menschen vom Baby bis zum Erwachsenen nicht gleichmäßig harmonisch, sondern in Schüben, Stößen, mit kleinen oder auch großen Intervallen verläuft, ist der natürliche Erzieher bzw. die Mutter, der Vater, sofern sie oder er dies erkennt und entsprechend handelt, der systemverhafteten Schule in der erzieherischen Einwirkungsmöglichkeit stets überlegen.

Die Eltern haben in der Regel ein, zwei oder höchstens drei Kinder zu erziehen[2], der Lehrer einer Klasse dagegen eine zweistellige Anzahl an Kindern.[3] Der

---

[2] Nach Angaben des statistischen Bundesamtes bekommt eine Frau in Deutschland rechnerisch im Schnitt 1,36 Kinder. 2012 wurden hierzulande 674.000 Kinder geboren. Mit knapp 1,4 Millionen Babys kamen seit dem zweiten Weltkrieg in Deutschland die meisten Kinder 1964 zur Welt.

[3] Für die Horterziehung gilt offiziell Folgendes: Bei der Berechnung des Personalschlüssels in Kindertagesstätten werden Faktoren wie Alter der Kinder, soziale Lage, Förderbedarf und die Länge der Betreuung einbezogen. Abwesenheitszeiten des Erziehungspersonals durch Urlaub, Krankheit und Fortbildung werden in der Regel rechnerisch nicht berücksichtigt. An Grundschulen soll eine Horterzieherin in Vollzeit 22 Kinder mit Halbtagsanspruch betreuen. Für drei- bis sechsjährige Kinder in Ganztagsbetreuung gilt etwa, dass eine Erzieherin/ein Erzieher auf acht bis zehn Kinder kommen muss. Bei unter Dreijährigen soll die Gruppengröße auf maximal zwölf Kinder begrenzt sein; innerhalb dieser Gruppengröße ist für Säuglinge zwischen neun und zwölf Monaten ein Schlüssel von 1:2, für Kleinkinder von 12 bis 24 Monaten ein Schlüssel von 1:3 und von 24 bis 36 Monaten ein Schlüssel von 1:4 vorgesehen. Nach

Lehrer muss zwangsweise dem "Als-Ob" folgen: D. h. alle Schüler der Klasse können oder müssen zur selben Zeit im Prinzip denselben Unterrichtsinhalt bearbeiten und erfassen oder sollten, sofern der Unterricht offener gestaltet ist, dies innerhalb bestimmter Zeiträume erfüllen.

Diese Überlegenheit der Eltern dem eigenen Kind gegenüber und damit auch der Institution Schule, die in ihrer pädagogischen Aufgabe systembedingt etwas gleichsetzen muss, was von Natur aus nicht gleich ist, sollte seitens der Eltern erkannt werden, denn das stärkt ihr SELBSTBEWUSSTSEIN und macht ihnen Mut, ihren natürlichen Erziehungsauftrag voll wahrzunehmen.

Das Wesen der Menschen gleicht nicht der Maschine, die gleichmäßig über Stunden, Tage Leistungen erbringt, sondern einem Kunstwerk, das "von genialer Hand geschaffen", durch seine Einmaligkeit besticht. Pestalozzi hat zu Recht darauf hingewiesen, dass man ein Kind nicht mit einem anderen vergleichen dürfe. Deshalb brauchen die Eltern – und das ist wichtig – nicht sich zu sorgen und denken, wie oft zu hören: "Oh, mein Kind ist nicht so weit wie das meines Nachbarn".

Noch etwas anderes können Eltern als Nichtpädagogen schneller und sicherer erkennen: das besondere Interesse des Kindes an bestimmten Spiel- und Ar-

---

EU-Regel gilt Unter-Zweijährigen ein Betreuungsschlüssel von 1:5. In der Realität liegt der Betreuungsschlüssel für Kinder unter drei Jahren in den Bundesländern unterschiedlich und schwankt zwischen 1:3,4 und 1:6,1. Siehe: Schriftliche kleine Anfrage […] vom 12.11.12 und Antwort des (Hamburger) Senats: Drucksache 20/5824. Vgl. dazu Seite 23 Anmerkung 6.

beitsgebieten, beispielsweise an Sport, Musik oder Naturwissenschaften. Diese Neigung, dieser "Spaß" des Kindes kann daher seitens der Eltern effektiv unterstützt und gefördert werden. Und wenn ein Kind Spaß hat, etwas Außergewöhnliches zu erbringen, dann haben die Eltern sogar die Pflicht dies zu fördern. Würden sie dies nicht machen, hätten wir keinerlei außergewöhnliche Begabungen mehr in unserem Volk.

Auch hier sind die Eltern wieder der Schule überlegen. Zugleich verhilft dies zu einer weiteren Bindung zwischen Eltern und Kind, die etwa über Schwierigkeiten, besonders in der Pubertätsphase, hinweghelfen kann. Auf die Phase der Pubertät werden wir in den weiteren Ausführungen mehrfach noch zu sprechen kommen.

Wenn beispielsweise Vater und Sohn gemeinsam am Fußballspiel Spaß haben bzw. beim Sport, in der Musik oder auch im bewussten Umgang am Computer zusammenkommen, dann ist das eine zusätzliche Bindung und gleichzeitig eine Kräftigung der Erziehungspotenz des Vaters, der Mutter bzw. der Eltern. So etwas kann die Schule nicht leisten.

BINDUNG erzwingt und setzt gleichzeitig voraus KINDESLIEBE, GEDULD und SELBSTVERTRAUEN und untermauert dadurch das NATÜRLICHE ERZIEHUNGSRECHT DER ELTERN. Sofern diese "Tugenden" in der verantwortungsvollen Aufgabe der Erziehung des Kindes oder der Kinder konsequent an den Staat oder auch an andere, die elterliche Erziehung "grundlegend" übernehmende Organisationen abgegeben werden, kann sich keine ausreichende Bindungsfähigkeit des Kindes entwickeln.

Diese benötigen wir jedoch, um dem Kind auf seinem individuellen Weg in natürlicher Weise, sprich elterlich als "Mutter und Vater" helfen zu können.

In und mit der Schule dies zu bewirken würde immer zu kurz gedacht werden, sofern gesagt würde: "Das können wir besser machen, weil wir pädagogisch ausgebildet sind". Das hat damit gar nichts zu tun. Schule kann den natürlichen Erzieher niemals ersetzen. Sie geht beim Unterrichten zwangsläufig immer vom Intellekt aus und bewegt sich auf einem ganz anderen Erziehungsfeld als die Eltern.

Zur BINDUNG und Bindungsfähigkeit muss hervorgehoben werden, dass über die ersten Jahre, das erste Jahrzehnt eines Kindes, durch natürliche Erziehung der Eltern etwas gewachsen ist, was intensiver ist als das, was später die Schule leisten kann.

> *"Das erste Gesetz [...]: Der erste Unterricht des Kindes sei nie Sache des Kopfes, er sei nie eine Sache der Vernunft – er sei ewig Sache der Sinne, er sei ewig die Sache des Herzens, die Sache der Mutter."[4]*

Diese Worte des schweizerischen Pädagogen Johann Heinrich Pestalozzi (1746–1827) möchten wir für

---

[4] Pestalozzi 2006, Kapitel 24. Ebenso dort: *"Das zweite Gesetz [...] ist dieses: Der menschliche Unterricht gehe nur langsam von der Übung der Sinne zur Übung des Urteils, er bleibe lange die Sache des Herzens, ehe er die Sache der Vernunft, er bleibe lange die Sache des Weibes, ehe er die Sache des Mannes zu werden beginnt."*

unsere Ziele und Zwecke geringfügig, aber in der Sache entscheidend abändern, indem wir sagen:

"... Sache der Eltern, der Mutter und des Vaters".

Das Kind bekommt in der frühen Phase, in der es völlig abhängig ist vom Wohl und Umgang der Eltern mit ihm, von den Eltern den intensivsten Erziehungseinfluss. Diesen Einfluss kann keine staatliche Organisation wie Kita oder Schule wettmachen. Wie das Beispiel des fast nur impulsiven Erlernens der Muttersprache des Kindes, angefangen von "Papa, Mama" bis hin zur allgemeinen Sprach- und Sprechfähigkeit bewirkt. All das macht es in einem Eiltempo, was keine Schule dieser Welt später leisten kann.

Mut machen zur Erziehung bedeutet gleichzeitig den Eltern deutlich machen, dass sie es von ihrer Seite aus viel leichter haben zu erziehen als die professionalisierten Erzieher von Krippe und Kita bzw. im Nachgang daran die Lehrer der Schule, welche zunächst einmal "Fremde" für das Kind sind. Sofern die Lehrer mit jedem Schulfach noch wechseln, sodass das Kind plötzlich sieben, acht verschiedene Lehrer am Tage "zu verdauen hat", muss man erkennen, dass es nicht in der Schuld der Pädagogen und Lehrer liegt. Es ist maßgeblich das System, das hier nicht leisten kann, was der natürliche Erzieher zu leisten in der Lage ist.

Eingebettet in die Diskussionen um eine geradezu durchgehende Verschulung der Kindheit, ist das nach gegebener Möglichkeit frühzeitige ganztagsoffene, zum Teil sogar darüber hinausgehend über 24 Stunden an sieben Tagen in der Woche, sprich 24/7-offene Weggeben des Kindes in professionelle Betreuung, zwangsläufig immer auch verbunden mit einem letztendlich auch ökonomisch begründeten Betreuungsschlüssel. Ökonomie und Pädagogik[5] sind aber zwei unterschiedliche paar Schuh. Kaufkunde und Führungslehre, sprich die Lehre und Wissenschaft zu Erziehung und Bildung gehen von sich aus nicht "Hand in Hand". Darüber muss man sich im Klaren sein. Dieser wie auch immer bestimmte Betreuungsschlüssel ist regelhaft um ein Vielfaches größer als der Durchschnitt einer Familie in Deutschland und Europa mit "Kinderreichtum" oder wenn man so will, von Vater und Mutter mit ihren Kindern.

Beim Kleinkindesalter wird in der Krippe zumeist das Verhältnis von einer pädagogischen Fachkraft für vier bis fünf Kleinkinder als realisierbar angestrebt, im Kindergartenalter sind das bezogen auf die Kita eher zehn bis zwölf Kinder.[6] Zumeist sieht die Wirklichkeit nochmals anders aus. Hierbei ist der Krankheits- und Urlaubsfall einer Erzieherin/eines Erziehers, deren Voll- oder Teilzeittätigkeit noch nicht berücksichtigt, genauso wenig deren denkbarer Wunsch nach eigenen Kindern.

Unter diesem Gesichtspunkt haben die nichtpädagogisch ausgebildeten Eltern, selbst ob allein erziehend

---

[5] Das Wort Pädagogik entstammt von seiner Wortgeschichte dem griechischen παιδαγωγία (*paidagogía* "Erziehung, Unterweisung"), das wiederum auf παῖς (*pais* "*Knabe, Kind*") und αγειν (*ágein* "führen, leiten") zurückgeht; etymologisch gesehen geht es um die "Führungslehre" oder auch "Führungskunst".

[6] Aktuelle Zahlen können der 2013er Studie zum "Chancenspiegel" der Bertelsmann-Stiftung entnommen werden. Online unter www.chancen-spiegel.de.

als Mutter oder auch als Vater, es letztendlich leichter Erziehung auszuüben als jegliche Institution des Staates. Diese lässt es nicht zu, sich mit dem Kind so intensiv zu beschäftigen wie die Mutter, der Vater, die Eltern es trotz der angeblich immer "fehlenden Zeit" machen kann oder können.

Wenn die Mutter das Kind, welches in Nöte geraten ist und Schwierigkeiten hat, in die Arme schließt und sagt: "Ich hab' dich lieb", leistet sie in genau diesem Augenblick viel mehr als innerhalb der Struktur irgendeiner Vorschul- oder Schulinstanz geleistet werden kann; angefangen von der Krippe, über die Kita bis weit in die Primarstufe der Grundschulzeit hinein und darüber hinaus.

Das hängt wiederum mit dem Faktor zusammen, den wir bereits angesprochen haben: Es *ist* die Dominanz der LIEBE. Natürlich kann der Lehrer seinen Beruf ohne Nächstenliebe nicht ausüben, aber Nächstenliebe ist nicht identisch mit Liebe der Eltern dem Kind gegenüber und vom Kind aus gesehen den Eltern gegenüber. Darüber wird noch ausführlicher zu sprechen sein.

Sobald Mutter, Vater bzw. die Eltern – sei es in eher "subjektiver Weise" gefühlt oder aber anhand "harter Fakten" gezählt – "keine Zeit" (mehr) haben, wird sie oder er dem Kinde gegenüber kaum die notwendige GEDULD aufbringen. Die Eltern sind als natürliche Erzieher entsprechend verunsichert, das eigene Kind womöglich nicht mehr richtig erziehen zu können. Damit beginnt ein wahrer Teufelskreis, wonach die natürlichen Erziehungsrechte und -pflichten der Eltern – wie es heißt – lieber sicherheitshalber Schritt für

24

Schritt an den Staat abgegeben werden – um ja nichts falsch zu machen.

Der von Staatswegen für die Erziehung als so genannter Erziehungsprofi Legitimierte und dementsprechend offiziell fürs Erziehen mittels einer "Art Führerschein" bzw. über Zeugnis und Zertifikat Anerkannte, beansprucht für sich, sein Denken und Handeln in zunehmendem Maße ein *Wir-sind-die-für-die-Erziehung-der-Kinder-Verantwortlichen-und-ihr-Eltern-seid-die-Laien"*. Doch Vorsicht: Mit den Begriff "Laie" ist, semantisch gesehen, immer auch die "Unfähigkeit" verbunden!

Institutionalisierte Erziehungsstätten im Allgemeinen und die Schule im Besonderen verstärken – ob bewusst gewollt oder stillschweigend hingenommen – mit ihren offenen Ganztagsangeboten von Schule oder dem von einigen Organisationen bereits angebotenen Rund-um-die-Uhr-Programm von Krippe und Kita den schleichenden Prozess einer sich sukzessive anbahnenden "Entmündigung der Eltern". Wir bewegen uns womöglich darauf hin, dass die leiblichen Eltern nicht mehr die entscheidende Verantwortung für die Kinder haben, sondern die Gesellschaft, für die die Kinder ja später auch arbeiten.

Die Kita ersetzt zielgemäß das sprichwörtlich "kleine Dorf", welches das Kind ursprünglich erzieht.

Was wir benötigen ist vielmehr ein Schulsystem, welches vom Kind ausgeht und nicht vom Staate und seinen Interessen.

An dieser Stelle drängt sich der Hinweis auf zu Schulwesen etwa in China oder Japan, der ehemaligen DDR und UDSSR. Dazu folgendes Zitat:

> *"Statt die öffentliche Erziehung als Erweiterung der häuslichen aufzufassen, wird sie zur wesentlichen, und das Endziel ist sichtbar, die Kinder den Eltern fortzunehmen, um sie zu Kindern allein des Ganzen zu machen."*[7]

Wie soll jemand, der sich als Elternteil selbst nicht (mehr) mündig für die Erziehung fühlt, dem Kinde noch eine genügend LANGE LEINE und darüber hinaus die benötigte ZUVERSICHT geben fürs kindgemäße (!) Tun und impulsive Treiben. Wo soll das SELBSTVERTRAUEN herkommen, welches dem natürlichen Erzieher genügend Mut für seine Erziehungsaufgabe gibt?

Hier tut sich ein "Feld auf mit Furchen und teils abgrundtiefen Brüchen", ein Feld, welches fürs "Saatgut" nicht ausreichend bestellt werden kann bzw. "fürs Aufgehen einer Saat" denkbar ungünstige Voraussetzungen zeigt und damit ungeeignet geworden scheint.

Umso entscheidender gilt unser Appell zu einem Mehr an MUT ZUR ERZIEHUNG. Aber – und das soll klar herausgestellt sein – dieser Mut gilt für *beide* Seiten, für die NATÜRLICHE ERZIEHUNG auf der einen Seite, laienhaft und mehr aus dem "Bauch heraus", aber immer und in allem sowohl rechtlich als auch ethisch für die Erziehung letztgültig verantwortlich. Auf der anderen Seite gilt dies auch für die pro-

---

[7] Jaspers 1932, 53.

fessionalisierte Erziehung, welche eingebunden ist in die jeweiligen Institutionen, staatlich wie auch privat, um die natürliche Erziehung in ihrem Angebot notwendig zu erweitern und zu ergänzen und den Eltern, Mutter wie Vater dabei hilft, da diese aus fachlichen und zeitlichen Gründen staatliche Erziehungsinstitutionen benötigen. Dieses für die Erziehung der Kinder aufeinander angewiesene Beziehungsgeflecht kann nur in Zusammenarbeit funktionieren zum Glücklich-Sein der Kinder in ihrer Kindheit und zu deren erfolgreichen Erwachsen-Werden.

Doch auch in die delegierten Bereiche müssen die Eltern letztgültig insistieren können. Die Leidtragenden sind sonst wie im System von Erziehung und Bildung so oft die, die sich am wenigsten wehren können: die Kinder.

UND NICHTS ALS DIE WAHRHEIT – AUFRECHT SOLLST DU GEHEN

> *Der Erfinder der Notlüge liebte den Frieden*
> *mehr als die Wahrheit.*
> James Joyce

Ein weiterer Grundsatz sollte die absolute AUFRICHTIGKEIT im Erziehungsprozess sein: seitens des Erziehenden und seitens des Kindes. Doch was heißt das? Genau genommen heißt das: KEINE NOTLÜGEN. Jede Notlüge – wie beispielsweise im medizinischen Bereich nicht gänzlich unbekannt – ist hierbei Gift. Sie ist einfach Gift, weil das Kind ein Gespür dafür hat, was wahr und was unwahr ist.

Es ist völlig normal und ganz natürlich, wenn das Kind "normal reagiert", auch wenn es sich zuweilen in punkto der Wahrnehmung seiner eigenen Wirklichkeit in einer Zwittersituation befindet. Es lebt zum Teil noch in der Traumwelt. Es gibt Kinder, die lange Wirklichkeit und Traumwelt nicht auseinander halten. Lasst sie, habt GEDULD, möchten wir sagen, auch dann, wenn man als Erwachsener weiß, dass "das Kind spinnt".

Das Kind lebt womöglich noch in seiner Traumwelt und erzählt uns aus sich heraus, sozusagen dies und das sei wahr, aber in Wirklichkeit ist es unwahr.

Diese Situation ist für den Erziehenden das Signal "du als Erwachsener lebst nur in einer Welt", das ist die Welt des vermeintlich Realen, der einen Wahrheit. Wir Erwachsene nennen diese eine Wahrheit die Wirklichkeit. Und das Kind – wir wissen es alle –, es muss hinein in diese Welt. Es muss! Aber man kann das Kind nicht "hineinstupsen" in diese eine Welt. Man kann und darf es nicht hineinwerfen.

Aber man kann durchaus Folgendes tun: Man kann dem Kind immer mit LIEBE und GEDULD und völliger WAHRHEIT entgegentreten. Je klarer es empfindet und vor allem immer wieder empfindet, dass da ein Erwachsener ist, der in der Wirklichkeit steht und damit in der Wahrheit, kommt das Kind mehr und mehr von allein "auf diese Spur". Voraussetzung ist, dass eine beständige, zuverlässige Wahrhaftigkeit bei den Eltern wirklich vorhanden ist.

Es wird nicht gestoßen, sondern es kommt – und das ist der entscheidende Unterschied – es kommt von selbst! Es entdeckt von sich aus, dass es eine wirkliche Welt bzw. eine Welt des Realen gibt, in welcher es lebt und leben muss – und zwar außerhalb der Welt der Fantasie. Und wir wissen nur zu gut oder sollten es zumindest wissen, wie wichtig insbesondere die Fantasie ist, und zwar für ein erfolgreiches, und das heißt zu guter Letzt glückliches Leben in der Welt des Realen.

DIGITAL NATIVES & CO. – ODER: PESTALOZZI MEETS MCDONALD'S

> *Wer nur um Gewinn kämpft, erntet nichts,*
> *wofür es sich lohnt, zu leben.*
> Antoine de Saint-Exupéry

Für ein Kind von heute ist die Realität, unsere Wirklichkeit weitaus komplexer als zu früheren Zeiten. Dies betrifft auch die noch relativ junge Unterscheidung zweier Welten und deren Zusammenhänge: Gemeint ist die reale Welt und die virtuelle. Das Kind wächst in diese Komplexität hinein und mit ihr wie selbstverständlich auf. Dies ist ihm grundsätzlich normal und nicht fremd.

Uns umgibt heute ein rasch wachsendes Angebot an Informations- und Kommunikationstechnologie und damit verbunden ein digitalisiert verfügbares Ökosystem. Dies erreicht uns an und verbindet uns von nahezu jedem Ort unseres Aufenthalts, zu jeder Zeit – rund um die Uhr. Unser Kind ist in diese unsere Zeit und Welt hineingeboren, wo es mit Bezug aufs mobile WAP und den damit verbundenen Personal Media-Angeboten ebenso auffordernd wie verlockend heißt: am besten bleibe stets "Always-On" oder noch lieber "Always-in-Touch". Dem Folge leistend lässt man sich letztendlich freiwillig gängeln und macht sich in seiner Persönlichkeit abhängig, indem man seine frei verfügbare Zeit bereitwillig an die ständige Erreichbarkeit abgibt.

Schnell ist das Kind technisch gesehen gegenüber dem Erwachsenen weiter. Das betrifft zumindest die Ebene der technischen Verfügbarkeit und Handhabung der zunehmend bedienungsfreundlich gestalteten Oberflächen technischer "Devices". Doch erzieherisch geht es gegenüber dem Kind und Jugendlichen um viel mehr und um etwas ganz anderes.

Weder dürfen wir die Erziehung – wie oben ausgeführt – vollständig an den Staat übertragen noch dürfen wir der Eigenkompetenz des Kindes vertrauend die Erziehung gutgläubig dem Internet überlassen. Ein Kind weiß das alles noch nicht abzuschätzen. Es ist hierbei von großer Bedeutung das Kind im Umgang mit dem Internet AN DER LANGEN LEINE zu wissen, aber an der Leine! Verbieten bringt nichts. Wir kommen auf den Seiten 55 ff. und 134 ff. ausführlicher darauf zurück.

AUF DEM BODEN DER LIEBE – ODER: DIE LIEBE SPRICHT IN TÖNEN

> *Die Liebe hat eine göttliche Kraft,*
> *wenn sie wahrhaft ist und das Kreuz nicht scheut.*
> Johann Heinrich Pestalozzi

So klar wie der Erzieher nicht mit Notlügen dem Kinde gegenüber arbeiten darf, so wichtig ist es, dass der Erzieher zu jeder Zeit bereit ist, gemachte Fehler dem Kinde gegenüber zuzugestehen und dem Kind klar zu machen, es gibt keine Idealmutter und keinen Idealvater, genauso wenig wie es ein Idealkind gibt. Doch es gibt den Menschen, die Mutter, den Vater, welche ihre Fehler, wenn sie welche gegenüber dem Kinde gemacht haben – und auch das ist Alltag – zugeben (sollten). Damit vergeben sie sich nichts, sondern helfen dem Kind mit der eigenen Fehlerhaftigkeit fertig zu werden. Kinder leiden nämlich viel mehr als wir Erwachsenen unter gemachten Fehlern, weil sie doch "alles richtig" machen wollen.

Sofern dann hart und unverblümt mit "das hast du falsch-gemacht" auf eine kindgemäße Leistung (re)agiert wird, kann das im Extremfall durchaus schon einmal wie eine Bestrafung wirken. Worte können verletzen. Sofern aber gesagt wird: "Du wolltest es sicherlich richtig machen, aber vom Weg des Richtig-Machens bist du leider abgewichen. Da und auch dort hättest du das machen müssen und da das und so fort …", dann sieht die Welt für das Kind völlig anders aus.

Gerade hier gilt auch das alte Motto: "Der Ton macht die Musik". Die LIEBE spricht in Tönen.

Doch wie sage ich es dem Kinde, sofern ein Tadel berechtigt ist? Jeder Tadel, der notwendig ist, muss AUF DEM BODEN DER LIEBE wachsen. Wir haben wie gesagt keine Idealkinder vor uns, sie machen alle Fehler, wie wir Erwachsenen auch. Wenn ich folglich tadeln muss, kann dies nur auf dem Boden der LIEBE UND DER ANERKENNUNG der bisher erbrachten Leistung des Kindes geschehen.

GRAU TEURER FREUND IST ALLE THEORIE UND GRÜN DES LEBENS GOLDNER BAUM

Es gibt nichts Praktischeres als eine gute Theorie.
Immanuel Kant

Praktisch gesehen
können wir uns viele Theorien schenken.
Wolfgang Eschker

Sofern wir mittels unserer Ausführungen MUT ZUR ERZIEHUNG machen wollen, sind wir uns bewusst, dass zwingend die Praktikabilität hinein gegeben sein muss, damit nicht die Ferne der Theorie vorgeworfen wird, wie sooft, wenn man pädagogische Werke liest. Wie oft wird gesagt: "Das ist alles recht nett, aber die Wirklichkeit sieht ja ganz anders aus". Wir müssen und wollen die Wirklichkeit ausreichend zum Zuge kommen lassen.

Ein anderer Vorwurf gegen uns könnte sein, dass wir angeblich in "alten Strukturen" denken, welche längst überwunden sind. Dieser Vorwurf ist einerseits natürlich ernst zu nehmen, aber andererseits ist darauf hinzuweisen, dass diese von uns angesprochenen sogenannten "alten" Strukturen die "natürlichen" sind. Das Natürlichste ist nun mal die Beziehung des Kindes zu seiner Mutter. Sofern man dies Natürliche als konservativ bewerten will, dann sind wir eben konservativ.

Wenn die moderne Gesellschaft als Notwendigkeit genommen wird, um in irgendeiner Entwicklungsstufe zu demonstrieren, dass man sich aus der Erziehungsverantwortung wegen Zeit- oder anderer Gründe herausziehen muss, wollen wir gerne konservativ sein. Modernität und ein Leben in der Moderne sowie gleichzeitig Verantwortung gegenüber dem Kinde zu haben, schließen sich nicht aus!

Die Rollen von Vater und Mutter und deren Aufgaben in Beruf und Familie sowie der gleichfalls ebenso real gelebten Patchwork-Familie oder anderen Formen des Zusammenlebens wie dem angeblich "nicht mehr zeitgemäß-Sein" von Familie im traditionellen Sinne (samt einem zumindest gewissen Blick in die Zukunft und auf die grundsätzlich offene Frage zur Vereinbarkeit von Familie und Beruf) sind allesamt kein Dogma. Die Gründe, der einen Lebensform den Vorzug vor einer anderen zu geben, sind vielfältig und alle nur denkbaren Lebensformen entsprechen der Wirklichkeit.

Doch unabhängig von konservativ oder progressiv, die Frage nach dem Kindeswohl ist dem allen übergeordnet.

Auch zieht die Ökonomisierung der Gesellschaft bis teils ins Institutionelle und Private hinein und damit eng zusammenhängend das Delegieren natürlicher Rechte an den Staat vielleicht eine Folge von zahlreichen Fragen nach sich, aber letztendlich sind all diese Fragen weitgehend davon losgelöst und zum Kindeswohl zu beantworten und es ist darüber stets gemäß der Entwicklungsstufe und des Alters des Kindes zu entscheiden. Uns geht es in unseren Ausführungen um das Erziehen von Kindern, einem Erziehen des Kindes zu (s)einem *Werde-der-du-bist*". Es geht letztendlich um seine glückliche Kindheit und einen auf seinem weiteren Lebensweg zum Glücklich-Sein und der Liebe fähigen Menschen.

Die Einwirkung von Mutter und Vater ist dabei nun einmal nicht ersetzbar. Dass der Vater es dabei von Natur aus schwerer hat, als die Mutter es von Natur aus hat, ist ein Fakt. Der Vater muss die Rolle des Vaters erst lernen – was er entsprechend zu tun hat (!) –; die Mutter ist ihrer Rolle in natürlicher Weise näher. Sie hat das Kind ausgetragen, gestillt und so fort. Nichts desto trotz sind beide zusammen die Eltern und müssen entsprechend *beide* ihren Erziehungsauftrag als Vater und Mutter verantwortungsvoll und das heißt auch fürs Kind aktiv wahrnehmen. Das geht nicht von der Couch aus. Dies ist die Wirklichkeit.

Gehen wir auf die Wirklichkeit zu und fangen dabei ganz einfach MIT DEN EIGENEN FEHLERN an, die man macht bzw. gemacht hat. Fehler müssen dem Kind zugestanden werden – und zwar je nach dem Grad des Alters des Kindes.

Dass ich, je älter das Kind wird, meine Fehler, die ich gemacht habe, begründen muss, ist völlig klar. Beim Kleinkind brauche ich das nicht. Da muss ich nur sagen: "Das habe ich falsch gemacht, das war nicht richtig Kind". Fertig, aus. Und wenn ich dann noch mit der Hand über den Kopf des Kindes streichle, dann weiß es: "Es ist alles wieder okay". Auf der anderen Seite bedarf es, je älter das Kind ist, einer Begründung, warum ich etwas falsch gemacht habe. Anders herum natürlich auch, weshalb ich das wünsche, was ich meine, dass das Kind dies oder das zu erfüllen habe.

ÜBERLEGT UND AUS DEM BAUCH HERAUS –
ODER: AUS VERNUNFT UNVERNÜNFTIG

Intuition ist Intelligenz mit überhöhter Geschwindigkeit.
Ein Aphorismus aus Italien

Verlass dich ruhig auf deine Ahnungen.
Sie beruhen gewöhnlich auf dicht unterhalb
der Bewusstseinsschwelle registrierten Fakten.
Joyce Brothers

Vor dem Agieren und Reagieren im Erziehungsprozess sollte eine REFLEXION stehen. Ich weiß als
Vater, als Mutter, dass ich vor der Aktion, in welcher
ich etwas von dem Kind verlange, dass es tun sollte,
der Aktive bin, welcher sagt: "Bitte mache dies und
jenes". Noch bevor ich diesen Auftrag erteile, sollte
ich als Erwachsener kurz darüber reflektieren, ob dieser Auftrag notwendig ist. Kinder zu beschäftigen, um
sie los zu werden, kann nie Erziehungsziel sein.

Wenn ich beispielsweise an eine größere Familie
denke, muss zwangsläufig miteinander Arbeitsteilung
vorgenommen werden, sofern bewusst keine Hilfe
von außen zugezogen werden soll oder kann. Jeder hat
seinen kleinen Beitrag im System des Ganzen zu leisten, damit die Gemeinschaft leben und funktionieren
kann. Das Kind hat im Laufe seines Entwicklungspro-
zesses immer mehr Anteil an der aktiven Gestaltung
der Familie. Sofern ich als Mutter oder Vater dem zur
Folge Aufträge erteile, muss vorher meine Reflexion
dahin gehen, dass das Kind das "X" oder "Y" macht.
Ich reflektiere: Kann es das oder ist es eventuell überfordert?

Dem gegenüber steht die SPONTANEITÄT des Reagierens. Diese liegt auf einem anderen Feld als jene Aktion, wenn ich von mir aus im Erziehungsprozess bewusst aktiv werde. Das Reagieren beispielsweise erfordert oftmals die Unmittelbarkeit und darüber diese besagte SPONTANEITÄT. Doch grundsätzlich muss unterschieden sein zwischen dem "aus dem Bauch heraus richtig-Handeln" ohne vorher nachgedacht zu haben (siehe dazu die Seiten 13 und 26) – und das kann oft genau das Richtige sein – und der Situation, wenn ich zunächst gar nicht reagiere, d. h. erst einmal überlege und dann handle.

Der spontane Reaktionsvorgang ist eminent wichtig im Erziehungsprozess.

In der natürlichen Erziehung, welche sich ja von der professionellen Erziehung abhebt, greift zumeist genau das spontane Reagieren am besten.

Wir sind, wenn wir dem Kind gegenüber spontan reagieren, oft sehr nahe dem – schauen wir dazu ruhig einmal in die Natur –, was das Muttertier gegenüber dem Jungtier, welches es zu beschützen hat, auch macht. Es weist sich aus, dass erstaunlicherweise genau diese Spontaneität im Erfolg des Erziehungsprozesses oft eine unvergleichliche Stärke und Intensität besitzen kann. Oftmals ist diese spontane Reaktion des Erwachsenen auf irgendeine Frage, irgendeine Tat des Kindes von größerer Intensität als das bewusste, lang abgewogene miteinander Tätigwerden. Es gibt eine Ebene des Erziehungsprozesses, die sozusagen "unvernünftig" und damit natürlicher ist als die durch Vernunft gesteuerte.

Doch wie gehen wir bei ausreichend vorhandenem MUT ZUR ERZIEHUNG nun im Konkreten vor? Oder auch, wie können wir wieder mutiger werden? Wie setzen wir unseren Mut um?

Die Zusammenhänge zwischen spontanem, intuitivem auf der einen Seite und einem überlegten Handeln auf der anderen sind im Erziehungsprozess letzten Endes in ihrer Verzahnung nicht voll begreifbar, nicht voll verständlich. Ein "aus dem Bauch heraus Handeln" ist dem Kind gegenüber spontanes Handeln. Oftmals ist es genau dieses Handeln, was die Reaktion der Eltern bestimmt.

Jetzt aber komme ich womöglich in die Lage, nachdem ich gehandelt habe, dass die Vernunft mir sagt: "Das war falsch!" Was mache ich jetzt? Wem folge ich? Nach unserer Ansicht gibt es in diesem Fall nur einen Weg, und zwar dem Kind klar zu machen, dass wir in zwei Welten leben: in der Welt der Wirklichkeit zum einen und zum anderen in der Welt unserer Vorstellung. Diese Welt der Vorstellung, die wir in diesem Zusammenhang in die Nähe der Begriffe VISION und MORAL gestellt wissen möchten, ist etwas grundsätzlich anderes als das, was wir oben unter dem Begriff "Spinnerei" verstanden haben (vgl. Seite 28 f.). Zum Beispiel habe ich als Erzieher durchaus Vorstellungen davon, wie das Kind in einer bestimmten Situation angemessen handeln müsste bzw. was ethisch und moralisch gesehen richtig wäre und was falsch. Diese grundlegende Vorstellung darüber ist notwendig, damit ich als Erziehender bewusst das Kind dahin führen kann, wo ich glaube, dass es dahin müsste. Erziehen ohne Ziel wäre ein Widerspruch in sich selbst. Ich erziehe bzw. führe das Kind an elterlicher Hand Schritt für Schritt zur Eigenverantwortlichkeit hin und damit in die Erwachsenenwelt hinein, und zwar in dem Sinne, wie ich meine, dass diese Welt der Erwachsenen aussieht oder auszusehen hat.

Natürlich kann gesagt werden: Das ist gut und das ist falsch – böse. Im Augenblick legen wir einfach beides in einen und denselben "Topf": falsch und böse. Beide Begriffe sind allerdings nicht miteinander identisch. Sofern jetzt die Gewissheit vorhanden ist, ich habe spontan "falsch" oder aber ich habe "richtig gehandelt", ist die letzte Handlung gut und in der Situation richtig gewesen und die andere wäre entsprechend falsch oder böse. Dies "falsche Handeln" würde dazu führen, sofern der Widerspruch in der Handlung selbst vorhanden ist, dass ich diesen Widerspruch zunächst in mir selbst austragen muss, um dann dem Kind seinem Alter gemäß Folgendes klar zu machen: "Es sind zwei Möglichkeiten gegeben, und ich habe mich für die eine entschieden. Ich weiß aber, dass die andere Möglichkeit auch gegeben ist. Ich habe mich dennoch fürs – wie sich im Nachhinein herausgestellt hat – Nicht-Richtige entschieden." In diese Schwierigkeit, in der wir uns als Erwachsene ja sehr oft befinden, muss sich das Kind erst allmählich hineindenken. Oft schon fühlt es diesen Widerspruch zwischen "Wirklichkeit" und "Vorstellung", zwischen "Weg" und "Ziel". Aber es tastet sich zunächst wie im Dunkeln umher. Um im Bilde zu bleiben, geben wir ihm Licht ins Dunkel und damit Zuversicht.

Sofern wir ausschließlich überlegt handeln würden, gegenüber dem Kinde, dem Jugendlichen oder auch dem Erwachsenen, liefe man Gefahr, gegenüber dem anderen ausgesprochen technokratisch herüberzukommen, eher schematisch zu erziehen und schlichtweg in allem Denken und Handeln kühl und distanziert zu sein – ohne menschliche Wärme. Um denkbaren Einwänden und Kritikern zuvorzukommen: Der Erziehungsprozess ist etwas völlig anderes als etwa das Führen eines Unternehmens oder das Agieren in der Politik oder Wirtschaft. Dort bestehen gänzlich andere Zwänge. Doch Erziehung ist tätig werden am Menschen. In der Wirtschaft etwa arbeitet man mit der Maschine und denkbaren Skalierungen sowie mit allen möglichen, davon abhängigen Gegebenheiten. Der Erziehungsbereich aber ist immer letzten Endes ein humaner, ein menschlicher und damit auch ein bleibend spontaner Vorgang.

In unserem Menschsein trennen wir uns einerseits von der Tierwelt und andererseits sind wir wiederum ganz nahe der Tierwelt. Dies hat nichts mit den Gegebenheiten zu tun, in denen der Mensch in der Sozialstruktur, in welche er hineingebracht worden ist, vor dem Schicksal zu bestehen hat. Dies lassen wir im Moment völlig außen vor. Unsere Gedanken gehen entscheidend um die Erziehung des Kindes und nicht um die Führung des Erwachsenen und schon gar nicht ums Führen eines Unternehmens. Dies muss unterschieden werden.

ANGST FRESSEN SEELE AUF UND DIE SPON-
TANEITÄT GLEICH MIT

Den größten Fehler, den man im Leben machen kann, ist,
immer Angst zu haben, einen Fehler zu machen.
Dietrich Bonhoeffer

Anknüpfend an die Notwendigkeit eines dem Kind gegenüber SPONTANEN HANDELNS sind wir der Meinung, man müsste in diesem Bereich deutlich machen, dass ANGST DER DENKBAR SCHLECH-TESTE RATGEBER ist, um im Erziehungsprozess mit der Spontaneität eigenen Handelns fertig zu werden. Nachdem ich spontan gehandelt habe – richtig oder falsch, sagt mir meine Vernunft womöglich postwendend – ich könnte jetzt Angst davor bekommen, morgen oder übermorgen oder irgendwann wieder spontan zu handeln. Diese Angst ist verkehrt und unangebracht. Wir können im Erziehungsprozess spontanes Handeln und Reagieren niemals ausschalten.

Dazu ein Beispiel von einem Kind, das draußen gespielt hat: Das Kind kommt von draußen rein und hat sich dreckig gemacht, obwohl Mutter gesagt hatte: "Du darfst dich jetzt nicht schmutzig machen, denn wir bekommen gleich Besuch". Im spontanen Handeln folgt als "natürliche" Reaktion Schimpfen. Oh je, jetzt habe ich geschimpft und das Kind sagt: "Ja, aber ich hab' doch nur mit Benny gespielt, und Benny hat mich aus Spaß mit Dreck beschmissen". Jetzt habe ich das Kind ausgeschimpft. Es ist beim Schmutzigmachen selbst gar nicht aktiv gewesen, sondern hat es einfach nur ertragen müssen und wird dennoch ausgeschimpft. Jetzt – in Folge meiner falschen Reaktion – Angst zu bekommen vor dem eigenen spontanen Handeln darf ich jedoch nicht. Es wäre verkehrt!

Das Unvermögen des Menschen, in dem Augenblick nur das gegenwärtige, vor mir stehende Kind erziehen zu können, enthebt mich der Tatsache, dass ich dies außerhalb der vier Wände, wenn mein Kind weiter weg ist, natürlich nicht kann. Die dem Kind gegebene Freiheit ist natürlich ein Vabanquespiel. Ich kann nicht voraussehen, was dort passiert, was es selbst zu verantworten hätte, was es erträgt oder ertragen musste. In diesem Fall sind der Erziehungsmöglichkeiten Grenzen gesetzt. Sobald Einwirkungen, die ich nicht verschuldet habe und die ich nicht kenne, aufs Kind eintreffen, liege ich in meinem spontanen Handeln womöglich auch einmal falsch. Damit muss ich leben.

Das Beste wäre natürlich, wenn man in eine Situation käme, wo das Kind erst erzählt und ich danach darauf reagiere. Aber, ob dies auszuhalten ist, wenn das Kind mit einem wie im Beispiel angeführt schmutzigen weißen Kleid von draußen wieder reinkommt, das ist die Frage. In so einem Fall ist es besser sich zu sagen: Es gibt zwei Möglichkeiten. Sofern ich die erste Möglichkeit gewählt habe, dann muss ich dazu stehen. Dann habe ich auch einmal falsch reagiert. Und trotzdem und damit wiederholen wir uns bewusst: Angst zu haben vor Spontaneität in einem normalen Erziehungsprozess ist falsch!

Wir alle machen Fehler, auch wenn darüber in diesem Augenblick dem Kind wirklich Schaden zugefügt worden ist, können wir nichts anderes tun, als uns zu entschuldigen. Das allerdings muss folgen. Um in unserem Beispiel zu bleiben, sofern das Kind weinend vor einem steht und sagt: "Ich konnte doch gar nichts dazu, der Benny hat mich einfach mit diesem Dreckzeug beworfen", muss ich sagen: "Entschuldigung, das konnte ich nicht wissen. Wir werden dich schnell wieder sauber machen". So oder ähnlich wäre es okay.

Angst und keinen Mut zu haben hängen sehr unmittelbar zusammen. Sofern ich aus Angst vor der Angst dem Kind in seiner "freien Spielzeit" seine freien Spielmöglichkeiten wiederum beschneide, weitgehend einenge und diese damit zeitlich wie räumlich zu sehr begrenze, um so spielen zu können wie es dem Kind und seinem Alter gemäß angebracht und entwicklungspsychologisch notwendig ist, schaffe ich fürs Kind systematisch das Abenteuer ab: sein für ihn so wichtiges Abenteuer. Ein Spielen AN DER LANGEN LEINE wird zu einem Spiel "an der kurzen Leine".

Solch ein Spiel bliebe ohne jegliche CHANCE AUF DEN ZUFALL und ohne Chance aufs eigene "Fehler machen". Es gäbe folglich auch kein "Lernen aus Fehlern" und ebenso keine Gelegenheit auf den Zufall bzw. die Begegnung mit einem so genannten "UNBEWUSSTEN ERZIEHER", wie dies beispielsweise der alte Nachbar sein kann, der Postbote, die Clique aus den Nachbarhäusern, der eilige Geschäftsmann, der Jogger oder gemütliche Spaziergänger mit seinem drolligen Hund. Allesamt können in gegebener Situation zum "unbewussten Erzieher" fürs Kind werden (siehe die Seiten 46 ff., 52 ff. und 94).

Was würde ich aus Angst vor der Angst womöglich machen und was aus fehlendem Mut? Übergebe ich das Kind lieber sicherheitshalber in professionelle Hände bzw. professionalisierte Erziehung, und zwar wo immer diese Übergabemöglichkeit besteht – zeitlich wie wirtschaftlich? Oder nehme ich es in der noch verbleibend freien Spielzeit lieber weg von der Straße, weg vom Hinterhof oder welch immer auch frei bestimmten Spielraum und (packe es) bringe es in die von Erwachsenen bestimmte und nach deren Vorstellungen kindgerecht konstruierte Welten, in vermeintlich sicherere Spiel-Welten, wo es – wie es gerne heißt – sich gefahrlos austoben kann: ohne sich zu verletzen oder schmutzig zu machen? Wir lesen vielleicht noch Bullerbü oder hören die CD dazu, aber wir lassen damit womöglich nicht Bullerbü spielen, nicht "Räuber und Gendarm" und auch nicht "Cowboy und Indianer".

Vielleicht kann es sein, dass wir "sicherheitshalber" lieber "My Horse" spielen lassen – als App oder in 3D.[8] Auf dem Computer, Smartphone oder Tablet-PC sieht dieses virtuelle Pferd in "My Horse" zugegeben ziemlich gut aus, auch in seiner Bewegung. Es wirkt keinesfalls mehr so, als stecke man das Kind vor dem virtuellen "Spielzeug" sitzend in eine Endlosschleife. Und – es besteht keine Angst vor Langeweile – nur

---

8 In der Homepage von NaturaMotion-Games, dem Entwicklungsunternehmen des Spiels, heißt es: "Erfahre das traumhafte Leben mit einem echten Pferd und teile deine Erlebnisse mit all deinen Freunden! […] My Horse ist ein amüsantes Spiel, in dem der Spieler Verantwortung für das Pferd übernehmen muss. […]. Um Erfolg zu haben, muss dein Pferd glücklich und gesund gehalten werden! […]."Allein mit Bezug auf "My Horse" kann das Software-Unternehmen NaturaMotion mittlerweile Downloads im zweistelligen Millionenbereich verzeichnen.

einen Klick entfernt ist das nächste Spiel. In dem virtuellem Spiel ist es zwar nicht das reale Pferd, auf welchen man wirklich reiten und von welchem man womöglich auch herunterfallen, sich schmutzig oder schlimmstenfalls sogar verletzten kann, und welches nicht zuletzt auch vom Kind unter Mithilfe seiner Eltern verantwortungsvoll gepflegt werden muss. Den ökonomischen Aspekt – sich ein reales Pferd überhaupt leisten zu können – lassen wir an dieser Stelle einmal draußen vor. Der Alltag der durchaus beachtlichen Gemeinde von "My Horse-Pferdebesitzern" besteht hauptsächlich im Füttern und Trainieren dieses virtuellen Pferds. Turniere können erst bestritten werden, wenn die Gesundheit des Pferdes ausreicht und es ausreichend trainiert wurde. Es ist ein absolut sicheres Spiel, aber es ist kein wirkliches Abenteuer, wo man soziale Realität wirklich begreift, weil man sie hautnah erfühlt. Allerdings wird man auch nicht schmutzig.

Jede Zeit hat ihr Spiel. Die virtuellen Welten jedoch stellen zweifelsohne ihre eigene Art von Gefahren dar, wie sie auch in der Welt von Drogen, Alkohol und Ähnlichem gegeben sind. Aber auf der anderen Seite stellt die Virtualität ebenso eine Bereicherung unser Zeit dar. Darüber muss man sich im Klaren sein. *Beides* ist gegeben.

Im Alltag haben wir und umgibt uns die "virtuelle Welt", wie man sie mit Recht nennt, mittlerweile auf Schritt und Tritt. Wir können und wir wollen uns dem nicht entziehen. Wir müssen damit umgehen und unsere Kinder müssen dies auch. Sie wollen es ohnehin. Es gibt mittlerweile eine hohe gesellschaftliche Notwendigkeit für Computer, Smartphone und auch

Tablet-PC. Wir können und wollen diese nicht mehr wegdenken aus unserer Welt. Und dies allein macht sie als Droge womöglich noch gefährlicher. Hoher, auch sozialer Nutzen und Suchtpotenzial liegen hier derart dicht beieinander, dass eine klassische Einordnung in die Drogen- und Suchtproblematik uns nicht ausreichend erscheint.

Wissen ist etwas, welches hinaus muss in Richtung aufs Morgen, um der Wirklichkeit, in welcher wir leben und weiter leben werden, wieder genügend Boden zu geben: Damit die Wirklichkeit unsere Wirklichkeit bleiben kann.

MUT ZUR ERZIEHUNG heißt auch, dass ich dem Kind genügend Raum, Zeit und Möglichkeiten gebe, wo es sich in seinem Spielen selbst erfährt – und zwar ohne Erwachsene. Ohne Anregung und direkter Beaufsichtigung Erwachsener, aber "an der langen Leine". Ein Kind, welches nie hinaus zum Spielen geht, weil es die meiste freie Zeit am Computer verbringt, hat kaum noch die Chance – wir sagen hier ganz bewusst "Chance" – sich im übertragenen Sinne "dreckig zu machen" oder irgendetwas ganz Eigenes für sich und die Gruppe auszuprobieren.

VON MECHANISCHEN PUPPEN – ODER: DEM ZUFALL (S)EINE CHANCE

Menschliches Glück stammt nicht so sehr aus den großen Glücksfällen, die sich selten ereignen, als vielmehr aus kleineren glücklichen Umständen, die jeden Tag vorkommen.
Benjamin Franklin

Wir haben bereits an mehreren Stellen über den so genannten Freiraum des Kindes gesprochen: sowohl zeitlich als auch räumlich.

Zeitliche Freiräume: Das Kind ohne Spiel ist wie eine "mechanische Puppe", d. h. ohne Leben. KINDER MÜSSEN SPIELEN.

Durch das Spiel wird man fähig, in sich Kräfte zu entwickeln – und zwar spielend –, die rational gar nicht entwickelt werden könnten. Im Spiel ist die Fantasie, ist der ganze Mensch gefragt. Wenn ich im Spiel, und d. h. dann auch spielerisch, in eine neue Rolle oder Aufgabe hinein muss, dann setzt dies Überlegungen und Fragen in Gang nach dem Muster, wie denn dieser Mensch wohl aussieht, den ich da zu spielen habe oder was mit der an mich gestellten Aufgabe alles berücksichtigt werden muss.
Ein kindliches Spiel mit den als Beispiel gestellten Fragen: "Wie kann ich den Ball am besten ins Tor bringen?" oder "Mit welcher Form oder welchen Techniken fahre ich am besten?", fordert im Kind den ganzen Menschen: Körper, Geist und Seele! Das Kind hat im Spiel eine klare Vorstellung wie in dem Beispiel: "Ich möchte den Ball ins Tor bringen", und

dieses Streben, ein bestimmtes Ziel zu erreichen, macht es eben "spielend".

Räumliche Freiräume: Zum Beispiel, ein Kind spielt draußen am Haus und der Hund ist mit dabei. Weil der nahende Postbote in der Vergangenheit negative Erfahrungen mit Hunden gemacht hat, betritt er das Grundstück nicht, sondern bittet das Kind, zunächst den Hund wegzubringen. Daraus erkennt das Kind: "Sonst, wenn der Hund im Hause ist, kommt der Postbote an den Briefkasten, dazu geht er durch den Vordergarten und steckt die Post ein. Jetzt wagt er es nicht". Diese erlebte Wirklichkeit kann auslösen, dass das Kind erkennt, dass der Hund im Hause so gehalten werden muss, dass der Briefträger frei an die Tür kommen kann. Was folgt daraus? Der Briefträger ist zum Erziehenden des Kindes geworden. Er weiß davon gar nichts. Er ist auf einmal und ungewollt UN-BEWUSSTER ERZIEHER. Genau dies Unvorhergesehene, ja Zufällige, hat das Kind beeindruckt.

Auch dies Beispiel kann deutlich machen: MUT ZUR ERZIEHUNG ist eigentlich etwas ganz Normales und Natürliches, weil wir alle immer irgendwo erziehen, uns gegenseitig, den Nachbarn und umgekehrt und so fort. Nur, dass uns dies im Normalfall nicht bewusst ist. Je mehr ich selbst erkenne, dass unbewusste Erziehung oftmals sogar erfolgreicher ist als bewusste, sollte mir auch Mut machen, natürliche Erziehung auszüüben.

Wie das Wort es schon sagt, ist der Zufall etwas, was eben nicht vorauszusehen, was plötzlich vorhanden ist. Es gibt keinen natürlichen Erziehungsprozess, der frei von ZUFÄLLEN ist.

Dazu ein weiteres Beispiel, welches aus meiner (G. Hoffmann) Zeit als Schulleiter stammt: Als Schulleiter gehe ich während der Stunde durch bestimmte Räumlichkeiten, um ganz anderer Zielsetzung wegen – ich will nämlich eigentlich zur Turnhalle. Aber ich komme an einem Trakt vorbei, in dem Lärm in irgendeiner Klasse ist und ich frage mich: "Was ist da los?" Ich entdecke, dass der Lehrer, der eigentlich schon längst da sein sollte, nicht da ist. Der Zufall zwingt mich also einzugreifen, einerseits in die Klasse zu gehen, den Kindern zu sagen, das und das habt ihr jetzt zu machen. Und andererseits dafür zu sorgen, dass die Lehrkraft schnell in die Klasse geht. Zufall, einfach ein Zufall. Ich werde veranlasst, pädagogisch tätig zu werden, also irgendeinen Erziehungsprozess durchzuführen, der mir vorher überhaupt nicht bewusst war, den ich gar nicht wollte.

Durch Zufall herbeigeführt, muss dem Beispiel folgend "erzogen werden". Und genau dieses "Erziehen-Müssen", hat die Natur uns auferlegt. Im Grunde ganz primitiv wie beim Tier auch. Ich muss das Kind erst einmal fähig machen, allein zu essen, allein zu laufen und Weiteres mehr. All dies sind Zwangserziehungsprozesse, die wir alle miteinander, aneinander, durcheinander wahrnehmen und wahrnehmen müssen.

VON DER PROFESSION DER GANZHEITLICH-KEIT IN DER ERZIEHUNG – DEIN IST MEIN GANZES HERZ

Kinder wollen nicht auf das Leben vorbereitet werden,
sie wollen leben.
Ekkehard von Braunmühl

Wir haben von der Notwendigkeit des Freiraums für das Kind gesprochen, und wir sprachen von der Notwendigkeit des Spiels. In diesem Zusammenhang sehen wir auch die ganzheitliche und musische Erziehung in der Schule des Kindes.

Eltern müssen den Mut haben, Aufgaben aus zeitlichen sowie fachlichen Gründen an die staatlichen Institutionen zu delegieren und – das ist wichtig – zu korrespondieren und zu kooperieren, weil sie immer Vater oder Mutter bleiben – ein Leben lang. Das absolute Recht, das "losgelöste besondere" Recht, das die Natur ihnen gegeben hat, gibt ihnen die letzte Entscheidungsbefugnis, um falls notwendig, zu insistieren. Vater und Mutter bzw. die Eltern haben folglich ein legitimes Recht mit der Schule zu korrespondieren. Dieses Recht dürfen sie nicht an die Schule selbst delegieren. Sie sind und bleiben immer der Erziehungsberechtigte, nicht nur äußerlich rechtlich, sondern vor allem moralisch.

Das bedeutet wiederum, dass Vater und Mutter, die Eltern sich bewusst sind und ins Bewusstsein rufen, dass wir Menschen – wir wiederholen dies ganz bewusst – aus der Trinität von Körper, Geist und Seele bestehen. Entsprechend muss fürs Kind gesorgt sein, dass es auf eine Schule kommt, in der diese drei Be-

reiche Körper, Geist, Seele die notwendige Hilfe bekommen. Eine Schule, welche nur den Geist schult,
versagt genauso wie jene, die etwa nur Sport betreiben
wollte.

Aus diesem Grunde sind wir der Überzeugung, dass
Schule zwar Aufgaben des Staates mit zu erfüllen hat
(wie etwa das Unterrichten und damit verbundene
Aushändigen von Zeugnissen), aber die HAUPT-
AUFGABE DER SCHULE IST UND BLEIBT DIE
DER ERZIEHUNG und nicht an erster Stelle die des
Unterrichts. Das ist – insbesondere auch schulisch
gesehen – kein Widerspruch!

Zumal wir mit unseren Ausführungen ein kleines,
propädeutisches Kompendium zur praktischen Hilfe-
stellung in der Erziehung anstreben möchten, müssten
die unserer Meinung wirklich wesentlichen Punkte
auch darin angesprochen sein. Dann dürfen und möchten wir Bereiche, die ansonsten gerne einmal unter
den Tisch gekehrt werden – dies aus höchst unterschiedlichen Gründen – auch nicht ausklammern. Wir
müssen sie anpacken. Anpacken wollen wir sie mit
der Absicht, um Mut zu machen mit den Widrigkeiten
des Alltags proaktiv umzugehen.

Die Eltern bleiben von Natur aus mit all ihren
Schwierigkeiten, die sie auf dem Weg der Erziehung
erleben und erleben müssen, die Erzieher Nummer
eins! MUT ZUR ERZIEHUNG bedeutet für die Mutter, den Vater das ihnen von der Natur gegebene
Recht auch auszuüben. Und dazu brauchen sie keine
pädagogische Ausbildung und infolgedessen benötigen sie auch keine so genannten "Führerscheine" fürs
Eltern-Sein.

VIRTUELLE WELTEN – VIRTUELLE MORAL – VIRTUELLE ERZIEHUNG

Ach, der Tugend schöne Werke,
gerne möcht ich sie erwischen.
Doch ich merke, doch ich merke,
immer kommt mir was dazwischen.
Wilhelm Busch

So sicher es ist, dass unsere Kinder und Kindeskinder "moderne" Apparaturen einschließlich der Apparate, die noch entwickelt werden, von sich aus in die Hand nehmen, um mit ihnen umzugehen und umgehen werden, so sicher ist es, dass sie damit Umgang pflegen müssen, um äußerlich, sozial, bürgerlich zu überleben, und so klar ist auch, dass man heute umso mehr überlegen muss, wie kann der Umgang mit modernen Medien, die uns sonst "auffressen", so aussehen, dass "wir der Herr sind", der Mensch die Maschine regiert und nicht umgekehrt – heute und morgen.

Wir leben in einer Welt, in der die meisten Menschen das Diktat der Maschine einfach akzeptieren, ohne jegliche Reflexion. Sie nehmen es hin oder sie erkennen die vielen, teils subtilen Abhängigkeiten gar nicht mehr. Sie sind schlichtweg überfordert und seitens eines unausgesprochenen, kollektiven Diktats geradezu vergewaltigt, um ungefragt und ohne irgendeine Reflexion bzw. einem bewussten Hinterfragen der immer auch mitgegebenen Vor- und Nachteile einfach nur mitzumachen – oftmals scheint es um jeden Preis.

Oder sie erkennen dies und haben keine Kraft, um dagegen anzugehen und resignieren letztendlich.

Wie jedoch leite ich mein Kind folglich an, dass es mit dem Computer nur zeitweise und umsichtig genug umgeht, damit es – wie oben bereits angesprochen – nicht abhängig wird, wie eine Sucht. Im übernächsten Kapitel wollen wir darauf eingehen.

SYSTEMATISCH UNSYSTEMATISCH

> *Was mir an deinem System am besten gefällt?*
> *Es ist so unverständlich wie die Welt.*
> Franz Grillparzer

> *Lass den Computer für dich arbeiten,*
> *aber werde nie Sklave der technischen Systeme.*
> Sergio Pininfarina

Sofern wir mit Bezug auf bisher Gesagtes auf das PRINZIP ZUFALL, den UNBEWUSSTEN ERZIE-HER und mit alledem zusammenhängend eine GANZHEITLICHE ERZIEHUNG eingehen, müssten wir eigentlich zu dem Schluss kommen: IM GRUN-DE VERTRÄGT ERZIEHUNG KEIN SYSTEM.

Das ist zweifelsohne richtig so und kann durchaus so gesagt werden. Nur hat jedes System auch den Vor-teil, dass es etwas ordnet. Wenn auf ein System ver-zichtet wird, dann macht man es sich selbst schwerer – was nicht unbedingt nötig ist. Dies muss man wis-sen. Wenn beispielsweise gesagt wird, in der Erzie-hung kann es kein System geben, dann möchten wir dies im Grunde bejahen, aber es muss sofort hinterher geschickt werden: Damit können die Meisten nichts anfangen!

Sofern wir von der GANZHEITLICHEN ERZIE-HUNG sprechen und der Ganzheit von Körper, Geist und Seele, so steht allein schon dieses Wissen ums Mysterium unserer bewussten Existenz im Widerspruch zu jedem derzeit nur denkbaren System. Die Wirklichkeit kennt kein System.

Zum Systembegriff: Selbst in den derzeit am weitesten gedachten Systemen, wie etwa den Systemen der Physik, ist die Nähe zum Ursprung und der gesamte Bezug zum Bewusstsein immer noch chaotisch und systemlos. Wir leben in und mit den Systemen und den besonderen Beschränkungen unserer Sinnesorgane samt "eingeschalteter" Wahrnehmungsfilter innerhalb des Spektrums von subatomaren Quanten bis hinauf zum gesamten Universum. Die enge Verbindung zwischen Bewusstsein und Quantenmechanik ist uns bislang verborgen geblieben.

Und ganz pragmatisch gesehen, von etwaigen Wirtschaftssystemen und -theorien sowie den Fragen systemischer Vorhersagbarkeit in der Wirtschaft und im Leben möchten wir lieber gar nicht sprechen. Wir hätten es gerne, aber es geht bisher nicht. Allerdings ohne irgendwelche Regelhaftigkeiten gäbe es auch keine Abweichung von der Regel, es gäbe vor allem keinerlei Bezugspunkte, auf welche wir uns beziehen können – nicht in der Wirklichkeit, nicht in Fragen der Erziehung. Wir brauchen Regeln (!), aber wir brauchen – insbesondere in der Erziehung – auch den Mut, uns in der Wirklichkeit, wenn notwendig, über diese Regel von Fall zu Fall immer einmal wieder hinwegzusetzen – sei dies ganz bewusst oder unbewusst intuitiv.

Und genau das Letztgenannte ist es, was uns treibt, und damit sind wir wieder beim Thema MUT. Wir müssen erkennen, dass alle Schemata und Versuche – gleich in welchen Bereichen der Erziehung und wie auch immer wir uns etwas vorstellen wollen, um dieses Etwas in eine Regel, ein Reglement bringen zu wollen – der Wirklichkeit oftmals radikal widersprechen. Die Wirklichkeit ist unsystematisch! Das gleicht etwa dem Vorgang in der Natur, wenn die Pflanze so und so viele Samen abwirft und nur ein Teil der Samen aufgeht. Das ist der Überfluss, den die Natur sich leistet, und das tut sie nicht, weil sie so unsorgfältig ist, sondern weil sie um ihre Schwäche "weiß". Sie "weiß" darum, dass nicht aus jedem Korn eine neue Pflanze entsteht. Deshalb sind Systeme immer nur Theoreme. Sie umfassen nicht die ganze Wirklichkeit. Sie bringen aber einen notwendigen Teil an Ordnung in die Wirklichkeit, sodass diese darüber übersehbar wird oder zumindest scheint und wir uns in und mit ihr regelhaft bewegen können. Doch die Wirklichkeit selbst sieht anders aus. In ihr gilt das PRINZIP ZUFALL. Darüber haben wir bereits gesprochen.

Zufälle im Leben gibt es so viele, dass ich nie im Voraus wissen kann, ob ich so handle, dass ich aus dem Zufall erzieherisch das Beste mache. Ich muss als Vater, als Mutter, als Eltern folglich genügend "Mumm" haben, aus dem Augenblick heraus zu handeln. Wenn ich es schaffe, vorher noch zu reflektieren, umso besser, aber meistens kann ich vorher gar nicht nachdenken und muss folglich SPONTAN handeln.

Die Palette der damit verbundenen möglichen Schwierigkeiten unter dem Grundgesichtspunkt MUT ZUR ERZIEHUNG handhabbar zu machen, kommt einem einfachen Aufruf gleich:

*Habe Mut gegenüber allen widrigen Kräften, die
der Erziehung entgegenstehen.*

Das sind beispielsweise alle Arten von Drogen, vom
Alkohol angefangen bis hin zum Rauchen. Im Moment ist Rauchen jedoch nicht mehr die Nummer eins,
wie etwa bei den Generationen zuvor. Hier hat sich
durch die Wissenschaft zum einen und durch die
Technik zum anderen ein Wandel ergeben, wo es
nutzbringend war, die Kenntnisse der Chemie einer
Welt zu eröffnen, die mittlerweile einen derartigen
Umfang annimmt, dass sie ganze Gen-Wissenschaften
und die Wissenschaften der Psychologie und der Psychiatrie gegen das Rauchen angesetzt haben. Und
doch gehen viele Menschen immer noch an dieser
Sucht zugrunde. Auch dies gilt es zu sehen.

Wir kommen jetzt zu den "modernen" Suchtgefahren.

DAS OHR AN DER WAND UND DIE KUNST DES ÄLTERMACHENS

> **Als Kind ist jeder ein Künstler.**
> **Die Kunst ist als Erwachsener einer zu bleiben.**
> Pablo Picasso

Das Kind wächst in eine Welt voller Gefahren hinein:
Wir als Erwachsene können sie sehen, das Kind noch
nicht. Dies war im Grunde früher nicht anders als
heute. Die Frage ist deshalb: In wie weit konfrontiere
ich mein Kind bewusst zu bestimmten Zeiten, die ich
als vernünftig sehe, mit den Gefahren? Die bewusste
Konfrontation ist eine Möglichkeit. Oder verschreibe

ich mich lieber der anderen Möglichkeit und lasse die Gefährnisse, an das Kind herantreten, um dann zu entscheiden? Darüber, was fürs Kind besser ist, gehen die Meinungen sehr auseinander. Wir wollen dies an einem praktischen Beispiel verdeutlichen.

Theoretisch hätten die Eltern das Recht dem Kind zu untersagen, dass es in seinem Zimmer ab 20 Uhr weder irgendeinen Fernseher noch einen MP3-Player einschaltet oder am Computer sitzt bzw. ins Internet geht und so fort. Es entsteht die Frage und folgende Situation: Ich verbiete das, und da ich zweifelsohne das Recht habe, das zu verbieten, muss das Kind folgen. In einem bestimmten Alter tut es das noch und ab einem bestimmten Alter geht es in Opposition. Das Letztere ist vorauszusehen. Bei pubertierenden Jugendlichen besonders.

Da ist schon die frühe Barriere ein Hemmnis par excellence. Das Kind "will dagegen anstinken, auf Deubel komm raus". Was mach ich also? Es gibt nach unserem Dafürhalten "prophylaktisch" nur einen Weg, der aus dieser Sackgasse herausführen kann. Und prophylaktisch heißt "vorbeugend" und das wäre: Ich muss sozusagen DAS OHR AN DER WAND HABEN, um zu wissen oder zu verspüren – das Letzte ist vielleicht auch zu erwägen –, dass das Kind unter Einfluss eines anderen Kindes oder eines älteren Geschwisterkindes so stark beeinflusst wird, dass es nicht anders kann, als die "Röhre" bzw. den LED-Bildschirm vom Fernseher, das Display von Computer, Tablet-PC, Smartphone und weiteres mehr in Anspruch zu nehmen oder sich den attraktiven 3D-Animationen auf den unterschiedlichsten Datenträgern förmlich zu ergeben.

Sofern ich dies erkannt habe, gibt es nach unserer Ansicht nur eine Möglichkeit, und zwar mit dem Kind auf gleicher Vernunftstufe zu arbeiten. Das heißt, es im Gespräch dahin zu bringen, dass es die Vor- und Nachteile bereits in einem tieferen Sinne zu sehen beginnt. So ein Gespräch muss rechtzeitig erfolgen, und zwar zunächst über die Vorteile. Wir meinen bewusst die Vorteile, weil das Kind ja lernen soll, diese Vorteile zu nutzen: spielerisch und gezielt. Wenn dies geschehen ist, muss sozusagen eine gemeinsame Vereinbarung getroffen werden: die des zeitweiligen Umgangs. VERBIETEN BRINGT NICHTS. Man rennt sonst in die Sackgasse. Über die offen liegenden Nachteile und Gefährdungen ist im Zusammenhang mit der getroffenen Vereinbarung zu sprechen. Und was die subtilen und versteckten Gefahren betrifft, bleibt nichts anderes übrig, als wo immer möglich und es sich ergibt, fortlaufend im Gespräch zu bleiben.

Ein Kind wäre nicht Kind, wenn es nicht den Reiz verspürt, Regeln zu übertreten.

Man kann dagegen halten, ein Gespräch zwischen dem pubertierenden Kind und dem Erwachsenen könne niemals erfolgreich sein. Die Lösung jedoch ist: ICH MUSS MEIN KIND IN DIESER SITUATION ÄLTER MACHEN, GANZ BEWUSST ÄLTER MACHEN, ALS ES EIGENTLICH IST. Das ist die einzige Möglichkeit, die ich habe. Und genau das, dies ÄLTER-MACHEN, ist nicht unmöglich, weil ja das Kind oder der Jugendliche dem nicht widerspricht, zumal es oder er selbst dahin bzw. "erwachsen sein" will.

Auf der anderen Seite muss ich mir bewusst sein, dass ich ihm darüber ein Stück seiner Kindheit kleiner mache, vielleicht sogar wegnehme – und zwar unwiederbringlich. Ich entwende ihm einen Teil seines Kindseins auf Nimmerwiedersehen. Ich mache es – mein Kind – einerseits bewusst ärmer, um es auf der anderen Seite vor sich selbst und anderem zu schützen bzw. zum richtigen Zeitpunkt die Fähigkeit erlangen zu lassen, sich bestmöglich selbst zu helfen und gleichzeitig in der natürlichen Neugier offen zu bleiben, Neues zu entdecken.

Sich erzieherisch auf diesem schmalen Grad erfolgreich zu bewegen, verlangt einerseits Einfühlungsvermögen und andererseits Überzeugungsarbeit und ist eng verbunden mit einem "Schuss" natürlicher Intuition – es ist und bleibt ein Balanceakt.

So wie Aufklärung zum falschen Zeitpunkt nichts bringt, ist Aufklärung zum richtigen Zeitpunkt ein Gewinn fürs Kind. Das heißt, wenn ich das OHR AN DER WAND habe, entdecke ich den richtigen Zeitpunkt dafür: Jetzt musst du zupacken! Du musst helfen. Und wir wählen bewusst den Ausdruck "helfen". Verbieten bringt nichts, helfen hingegen ja! Und diese HILFE heißt letztendlich SELBSTHILFE.

Selbsthilfe bedeutet grundsätzlich den anderen fähiger zu machen, als er im Augenblick ist. Ich muss also mein Kind folglich in dem richtigen Augenblick älter machen, auch dann, wenn ich die Nachteile des "Älter-gemacht-Werdens" durchaus sehe. Dennoch: Das Kind strebt ohnehin dahin.

Wir müssen uns bewusst sein, dass spätestens beim Thema sozialer Netzwerke, in der Welt des Internets "Social Media" genannt oder noch einen Schritt weiter "Personal Media", und im Umgang mit diesen

Medien, unsere Kinder zwangsläufig mit einer modernen Konsumwelt eigener Art, Weise und Kraft konfrontiert werden. Die Kinder sind dabei einem ebenso subtilen wie gleichfalls sehr wirkungsvollen "Kids-Marketing" ausgesetzt, das mittlerweile Funktion und Formen angenommen hat, welche bei einem im Umgang mit diesem Medium eher hilflosen Kind ein starkes Suchtpotenzial in Gang setzen können.[9]

Gerade hierauf bezogen müssen Kinder heute bereits sehr frühzeitig lernen, mit Konsum und der bun-

---

[9] "Wir nehmen Kinder als Verbraucher ernst", so verkündete es jüngst eine auf Kindermarketing spezialisierte Werbeagentur und ließ die Kinderchips-Marke Pom-Bär vor wenigen Jahren Online gehen und rund um die Bären-Figur – einem kleinen dicklichen Kerl mit goldigem Fell – eine eigene Geschichte und virtuelle Welt schaffen: www.pombaer.de. Die Kinder können dort Mitglieder eines sozialen Netzwerkes werden, mittels ihres Avatars chatten und darüber Teil einer "unendlichen" Geschichte in der Pom-Bär-Welt sein. Gegen Zahlung von so genannten "Bären-Talern" können sie irgendwelche Dinge für ihren Avatar kaufen. Auf jeder Pom-Bär-Packung ist dafür ein Code aufgedruckt, der Pom-Bär-Taler gutschreiben lässt. Die "Kids", so rechnet man, setzen ihre "Quengelkräfte" ein, entwickeln darüber eine so genannte "Pester Power", die manch elterliche Gegenwehr schwach werden lässt. "Pom-Bär-Freunde" verweilen rund eine viertel Stunde auf der Website. An Grundschulkinder wird hier eine möglichst frühe Erfahrung mit Sozialen Netzwerken vermittelt. So wie hier ein Lebensmittelkonzern sind andere Konzerne auch längst zu Medienunternehmen geworden, wo ständig neue Geschichten erfunden werden, um darüber eine erhöhte Bindungswirkung fürs Produkt zu erreichen. Ebenso längst stellen Marken kostenloses Lernmaterial auf ihren Websites zur Verfügung, die Lehrer sich herunterladen können, weil es weder ihnen noch der Schule Geld kostet und eine individuelle Unterrichtsgestaltung verspricht. Anders jedoch als bei Schulbüchern gibt es für diese Materialien keine Zulassungsverfahren.

ten Warenwelt bewusst umzugehen. Dieses zu lernen und vor allem zu begreifen ist keinesfalls einfach fürs Kind. Es bedarf einer Hilfe, und zwar sowohl seitens der Eltern als auch seitens der professionalisierten Erzieher.

"Kinder von heute" sind in der Regel zwar durchaus reifer und eigenständiger als noch vor einigen Jahren, aber dennoch sind es im Herzen immer noch Kinder. Sie sind kindlich und verspielt. "Kinder von heute" sind frühzeitig weitgehend individualisiert und noch nie zuvor war eine Kindergeneration derart vom Wandel der Gesellschaft betroffen wie zu unserer Zeit. Über Künftiges können wir nur spekulieren. Über den zu Teilen raschen Wandel lassen sich neue Bedürfnisse und Sehnsüchte heranziehen und zielgemäß eine neue Kundengruppe entstehen, die heterogener zu führen nicht sein kann: Gemeint sind die so genannten "Kids". Es geht uns im Folgenden unter anderem auch um Unterscheidung von Kinder oder "Kids". Haben wir Kinder oder haben wir "Kids"?

Die Auflösung des traditionellen Kinderbildes, der klassischen Jungen- und Mädchenrollen sowie nicht zuletzt unmittelbar damit zusammenhängend des Familienideals der Kleinfamilie führt zu nachhaltigen Konsequenzen, so auch für die Spielzeugbranche, die Bildungsmärkte und ebenso für die Freizeitindustrie. Zu allen Punkten sind wir in der Erziehung gefordert und neu herausgefordert.

Wir haben heute schon das 15-jährige Kind bzw. einen noch jungen Teenager, welches in einem pinkfarbenen Segelboot um die Welt segelt[10] und wir haben heutzutage genauso die Großmutter, welche für sich selbst in einem eigens dafür bestehenden Geschäft einen bunten Kuschelbär mit Schaumstoffflocken füllen lässt und von einer echten Geburt assoziiert ihren "Bären baut" sowie nicht zuletzt in diesen anhand eines künstlich schlagenden Herzens ein maschinelles Lebenszeichen in die Brust legt. Und genauso haben wir den Großvater, welcher als so genannter "Best Ager" mit seinem Snowboard auf die Schnee-Piste geht.

Die Konturen und damit verbundenen Rollen zwischen Kind und Erwachsenen sind unscharf geworden. Es wächst eine Generation von Kindern heran, welche mehr denn je Aufmerksamkeit und Beachtung sowie eine verständnisvolle und das heißt zum richtigen Zeitpunkt helfende Erziehung verdient.

Diese vorgebliche (erzieherische) Aufmerksamkeit wird "den Kids" bereits seitens der Consumer-Märkte gerne gegeben und es wird dabei sehr gezielt versucht, im Sinne eines sich möglichst marktgerecht gebenden Kunden, diese junge Klientel ganz im Sinne der Industrie als Abnehmer "bunter Warenwelten" zu steuern. Die zwingend notwendige erzieherische Aufmerksamkeit ist dabei bislang wenig bis kaum gegeben: weder von den Eltern als natürliche Erzieher ihres Kindes noch von Seiten des professionellen Erziehers. Es ist ein feines Gespinst zwischen "Social Media"-Aktivitäten und Marketing, was hier entstan-

---

[10] Am 15. Mai 2010 ... Nach sieben Monaten auf hoher See fuhr Jessica Watson mit ihrem pinkfarbenen Boot wieder in den Hafen von Sydney ein.

den bzw. am Entstehen ist. Erziehung stört hier eher. Doch für wen genau ist sie störend?

"Kids-Märkte" sind etwas *grundsätzlich* anderes als Märkte für Kinder. So werden Kinder von der Industrie in deren Marketingaktivitäten bewusst viel lieber "Kids" genannt. Sie, die "Kids", sind ein zunehmend wichtiger, weil ständig größer und schlagkräftig werdender Marktfaktor: Das Kind ist als Konsument interessant geworden. Doch zum Kind und zum Kindsein gehören natürlicherweise und eigentlich untrennbar immer auch die Schutz gebende Mutter, der Vater, die natürlichen Erzieher, sprich die Eltern. Eltern haben womöglich doch (noch) einen Einfluss auf ihre Kinder bzw. deren Kaufentscheidungen. Diese elterliche Einflussnahme gilt jedoch entscheidend weniger bei den "Kids". Hier sieht die Welt anders aus. Warum?

Der Begriff "Kids" steht eher für das autonome, und d. h. im Grunde elternlose, eigenständige Kind. Richtige "Kids" hören nicht mehr unbedingt auf die Eltern, richtige "Kids" hören viel lieber auf die Werbung und sie hören auf die subtilen Beziehungsketten von "Social Media" und "Personal Media". Und diese, genau diese "Kids-Märkte" besitzen zweifelsohne ein Suchtpotenzial. Sie suggerieren dem Kind eine Eigenständigkeit und Unabhängigkeit mit frühzeitig selbstständigen (und älter seienden) oder sich selbst erziehenden Kinder, welche liebend gerne "Kids" genannt werden.

Wir leben im Moment in einer Zeit, wo sich das klassische Verständnis von Alter und Rolle tiefgreifend verändert. Dies geht eng einher mit einer veränderten Auffassung von Verantwortung. "Kids" sind "hipp und trendy" und (elternlos) irgendwie immer supergut drauf. Kinder sind demgegenüber eher hausbacken, fragen noch ihre Eltern und sind überhaupt irgendwie von gestern: Dies Bild wird gerne suggeriert. Von wem eigentlich?

Reflexartig und autonom ist damit der Ruf zur elterlichen Fürsorge geboten: Eltern haben zuallererst Kinder und keine Kids! Und nochmals muss gesagt sein: Habt Mut zur Erziehung euer Kinder! Es sind keine "Kids". Denn Kinder brauchen in der modernen Welt ganz besonders ihre natürlichen Erzieher, ihre Eltern, ihre Mutter und ihren Vater.

Zum Stand (2012/13) der "digitalisierten" Deutschen in Stichworten:

- Mehr als 45 Mio. sind "online";
- rund 40 Mio. haben p. a. "online" eingekauft;
- Dreiviertel der "Onliner" sind in sozialen Netzwerken registriert;
- Ein Viertel aller Deutschen sind bei facebook registriert; weltweit rund eine Mrd.; Deutschland ist für facebook, wenn auch abflachend, der immer noch am schnellsten wachsende Markt;
- 24 Std. verbringen "Onliner" in Deutschland pro Monat im Web (48 min. am Tag, davon allein 10 min. bei facebook);
- über 91 Prozent der 16- bis 24-Jährigen sind in sozialen Netzwerken registriert und aktiv, davon maßgeblich auf facebook; bei Internetnutzern im Alter von zehn bis 15 Jahren liegt der Anteil bei 70 Prozent; die Anzahl der Nutzer nimmt bislang mit zunehmendem Alter deutlich ab.

DEN ELTERN DAS LETZTE WORT

Freiheit ist das Recht, anderen zu sagen,
was sie nicht hören wollen.
George Orwell

Wir möchten herausstellen, dass "das letzte Wort" kein egoistischer Anspruch der Eltern gegen den Staat oder eine Erziehungsinstitution ist, sondern ein NATURRECHT, was die Eltern haben. Darauf dürfen sie NICHT VERZICHTEN.

Sofern sie dies Recht vergeben, würden sie sich schuldig machen an dem eigenen Kind. Das Kind kann sich noch nicht begreifen, kann sich noch nicht selbst bestimmen. Erst nach der Pubertät ist es langsam soweit, dass es begreift, dass es Vor- und Nachteile auf dieser Welt gibt und dass kein Vorteil ohne Nachteil zu haben ist und dass alles, wie zuvor angesprochen, irgendwie bezahlt werden muss. Es muss bezahlt werden in teils sehr unterschiedlichen Währungen: mit Geld, Zeit, persönlichen Daten oder anderem.

Kinder, die heute in einigen Bereichen zweifelsohne weiter und reifer sind als in Generationen zuvor, sind immer noch Kinder! Auch, wenn sie durch ihre Kleidung und andere Attribute aus der Erwachsenwelt heute älter aussehen als sie eigentlich sind. Sie sind Kinder, welche in einigen Bereichen und gesellschaftlichen Anforderungen womöglich unterfordert und in anderen Bereichen genauso überfordert sind.

Wir als Verfasser – wir kommen aus zwei unterschiedlichen Generationen – haben uns im Gespräch manches Mal gefragt, was würde ich als Kind eigentlich schön finden, was würde ich gerne machen wollen und was nicht? Und dann entdecken wir, um es als Fazit gleich vorwegzunehmen, das Kind und der Jugendliche in unserer Zeit haben es schwerer, als wir es als Kinder gehabt haben. Man höre! Denn zum einen betrifft der Vergleichszeitraum immerhin eine Zeit zwischen den beiden Weltkriegen (gemeint ist der Geburtsjahrgang 1922) und zum anderen die Zeit der sogenannten Boomergeneration in der Phase des Wirtschaftswunders (Jahrgang 1954). Das war zunächst einmal das Äußere, sozusagen das Korsett, was uns angepasst worden ist. Und das bedeutete zu beiden Zeiten: DIE ELTERN HABEN DAS LETZTE WORT und sie geben dem noch nicht erwachsen seienden sowie noch nicht erwachsen sein müssenden Kind seinen Halt.

Dies war in unserer, der heutigen Zeit mittel- wie unmittelbar vorangegangenen Zeit so klar, wie es heutzutage dem Kinde nicht mehr ist. Sie sehen nicht zuletzt auch aufgrund der Kommerzialisierung des Familien-Clans die Situation für sich und die Eltern anders.

RELIGIOSITÄT IM ERFAHREN VON ANFANG UND ENDE

> *Die Ahnung ist die Quelle der Religion.*
> *Jakob Bosshart*

MUT ZUR ERZIEHUNG muss unserer Meinung nach auch bedeuten, dass Eltern Mut haben sollten, das Kind mit dem Christentum, dem Islam, also religiösen Vorstellungen zu konfrontieren. Nicht unter Zwang, wohl aber sollten sie mit ihnen zum Beispiel durchaus einmal einen "fremden" Gottesdienst besuchen, den sie sonst wahrscheinlich überhaupt nicht kennenlernen würden. Oder besuchen sie mit ihren Kindern Moscheen oder jüdische Gotteshäuser und so fort?

Die Frage, was wird aus mir, wenn ich einmal tot bin, stellt sich jedem Menschen. Da kommt keiner drum herum. Und wie antwortet er darauf? Er kann das durchaus materialistisch machen und er braucht deshalb noch lange kein Marxist oder Leninist zu sein. Oder kann es auf immaterielle Weise beantworten in dem Sinne: Da gibt es ein späteres Leben, aber wie das geformt ist, weiß natürlich niemand. Aber irgendwie gehe ich davon aus, dass ich fortan "in geistiger Form" weiterlebe: Die Seele bleibt.

Oder dass ich als Christ glaube, dass es ein Wiederaufleben personeller Art gibt, und zwar unter dem Gesichtspunkt der Erlösung durch Jesus Christus.

Zur Erziehung gehört auch der Mut, das Kind mit Dingen zu konfrontieren, die fest zum Leben gehören: Gemeint sind Geburt und Tod.

Wir sind der Meinung, das Kind sollte genauso von der Geburt erfahren wie es den Tod erfahren sollte. Es muss erkennen, dass der Großvater oder die Großmutter nicht mehr da ist, und dies sozusagen wirklich vor Augen haben.

Viele Erwachsene haben dann immer Angst: Was soll das Kind damit anfangen, wenn es das bleiche Gesicht und den Großvater sieht, der sich nun nicht mehr rührt? Doch das Kind muss diesen Tod miterleben (damit sind nicht zwangsläufig die letzten Züge im Sterben gemeint), so wie es eigentlich auch die Geburt miterleben müsste. Das ist natürlich – Beides.

Es wird ihm darüber bewusst oder es spürt, wir werden alle einmal geboren und wir werden alle einmal sterben. Und dann sehen wir so aus wie mein Großvater, der jetzt nichts mehr sagen kann. Wir können erzieherisch diesen Bereich nicht auslassen wollen.

Mut machen zur Erziehung bedeutet: Dazu brauchst du keine Kompetenz, sondern das kannst du von Natur aus. Es ist dir geschenkt worden, dass du ein Kind hast und dieses Geschenk, mit dem kannst du so verfahren, dass aus dem Geschenk, das dir gegeben worden ist, ein glücklicher Mensch wird. Dies liegt alles in den Händen der Eltern.

TEIL ZWEI

Weitere Fakten, Stellungnahmen, Begründungen, bewusste Wiederholungen zur Intensivierung der Grundgedanken über elterliche und professionelle Erziehung:

ERZIEHUNG WOHIN – VOM SUCHEN UND FINDEN EINER EIGENEN PERSÖNLICHKEIT

Sofern ich keine Fremdbestimmung fürs Leben und die Persönlichkeit meines Kindes will, kann das Erziehungsziel nur lauten: "*Werde, der du bist*". Das heißt, das Kind zur Persönlichkeit erziehen und alle latent im Kind schlummernden Kräfte der Persönlichkeitsfindung zu wecken, zu fördern, aber auch zu fordern.

Ein derartiges Erziehen führt keineswegs zum Individualisten, sondern letztendlich zu einem immer bewussteren Menschen, sprich Sozialwesen. Das Kind empfindet, dass es nur durch die von Liebe getragene, soziale Bindung zur Mutter, zum Vater, zu den Eltern, also durch die Geborgenheit inneren Schutz und Halt erhält und damit seine eigene Persönlichkeit entwickeln kann. Auf diese Weise behält es sein Leben lang eine Heimat im Elternhaus. Je intensiver dies Erziehungsziel seitens der Eltern, respektive der Mutter, des Vaters verfolgt wird, umso weniger ist das Kind, wie zuvor beschrieben, als sogenanntes "Kid" schutzlos den Einflüssen irrealer Welten und ebenso der Kids-Werbung überlassen. Je intensiver, ausdauernder dies Erziehungsziel Kraft erhält und verwirklicht wird, umso leichter werden Mutter, Vater, die Eltern zum Vorbild für das Kind. Und Vorbilder sind nun einmal Zugpferde, die eo ipso die Persönlichkeitsentwicklung vorantreiben.

Die Gesellschaft unserer Zeit leidet durchaus darunter, dass es im Volk so wenige Vorbilder humanen Denkens und Handelns gibt. Die Würde des Menschen, von der das Grundgesetz fordert, sie sei "unantastbar", wird so oft mit Füßen getreten. Gewinnsucht auf fast allen Gebieten zerstört das Für- und An-den-Nächsten-Denken, zerstört Nächstenliebe.

Ein "*Werde, der du bist*" oder auch dem übergeordnet: "*Werde, der du sein kannst*" als Ziel innerer Erziehung par excellence wird in der heutigen Diskussion um Erziehung kaum genannt. Stattdessen heißt es gerne: "Werde, der du werden willst". Übersetzt heißt das nichts anderes, als: "Mache dies und denke jenes, was dir andere sagen, was du zu denken und zu tun hast; sei ständig auf der Suche, ob es denn noch ein Besser gibt zu dem, wo und wie du gerade oder auch mit wem du gerade zusammen bist". Optimiere dich stets und sei bleibend auf der Suche zum Erkennen deiner Selbst. Womöglich gibt es immer noch ein Besser, womöglich auch ein Gesünder, als das, was du (gerade) bist und lebst. Stete Selbstoptimierung kommt dem Narzissmus gefährlich nahe.

Die Sorge, die dahinter steht, ist, dass die Außenwelt bzw. alles, was irgendwie auf den jungen Menschen eindrängt, ihn fremd zu bestimmen versucht. Dass dieser Einfluss auch zu einer stärkeren Persönlichkeitswerdung führen kann, muss der Wirklichkeit entsprechend erwähnt werden, denn nicht nur Positives, sondern auch Negatives führt zu einer Stärkung der Persönlichkeit. Die Auseinandersetzung mit allen Kräften, die der Persönlichkeitsbildung widerstreben, kann letzten Endes auch helfen, die eigene Persönlichkeit zu finden, auch dann, wenn dieser Weg ein harter ist. Aber am Ende steht eine Persönlichkeit, die fremdem Bestimmen gegenüber in hohem Maße immun ist. Wer sich selbst finden will, findet das nicht auf der Straße. Er muss sich darum mühen.

Wir denken dabei natürlich ausdrücklich an das Kind. Seine Persönlichkeitsfindung ist geborgen in der sozialen Mitte der Familie. Es steht keineswegs allein "im Kampf" um seine Selbstfindung und soziale Orientierung in Gesellschaft und Umwelt. So sollte es sein. Der Zuspruch von Vater und Mutter bewirkt, dass es sich stärkt. Deshalb muss das Elternhaus Heimat sein und bleiben. In dem nächsten, einem nahestehenden Menschen eine Heimat zu finden, ist das Sozialste, was man haben kann. Sofern wir als Eltern daran teilhaben dürfen, sind wir einerseits diejenigen, die das verantworten und zum anderen auch diejenigen, die das Glück haben, das erleben zu dürfen.

Selbstfindung ist ein hartes Ringen mit sich selbst. Die eigene Persönlichkeit wird, wie bereits mehrfach hervorgehoben, als eine Einheit von Körper, Geist und Seele nicht automatisch mit in die Wiege gelegt. Sie muss erarbeitet und erworben werden. Wir leben nicht als Individualisten auf irgendeiner Insel, sondern in einer sich sozial generierenden Gesellschaft und entsprechend ist der Weg zur Persönlichkeit ein herausfordernder, durchaus auch mit Steinen besetzter Weg. Diese Steine stehen mindestens für zweierlei, einerseits für die vielen fremd aufgesetzten Selbstoptimierungsverheißungen und entsprechenden Optimierungswünsche und andererseits für die von Staatsorganen künstlich schwach gemachten und systematisch schwach gehaltenen Bindungen der natürlichen Erzieher dem Kind gegenüber.

Das Bindungsverhalten des Kindes ist heutzutage viel eher auf geringe Haftung und damit unmittelbar verbunden auf Schnelllebigkeit ausgerichtet als jemals zuvor, sei es in seinem kindlichen Spielen, seinen sozialen Beziehungswelten und Interessen. Nur einen

Knopfdruck weit ist das nächste Spiel entfernt – anschließendes Auf- und Wegräumen ist zumeist überflüssig –, soziale Kontakte sind schnell abänderbar, ausgetauscht oder veraltet und Hobbys – Sport und Musik inbegriffen – sind nur so lange von Interesse, wie die Mühen in einem nachhaltigen Erlernen besonderer Fähigkeiten sich einer gewissen Oberflächlichkeit und dem flüchtigen Charme des Neuen unterordnen.

Es ist für uns klar, dass die Bildung der Persönlichkeit nur möglich ist in der Verbindung mit dem Elternhaus. Das Kind will auf der einen Seite erwachsen werden. Es will so sein wie seine "Vorbilder", die es sich ausgemalt hat, seien es Sportgrößen, Popstars oder wer auch immer. Alle "Vorbilder" können eine unbestimmte Zeit überdauern. Entscheidender dabei ist jedoch, inwieweit Vater und Mutter sich des Vorbildes, was sie eigentlich sein müssten, bewusst sind. Wenn in pädagogischer Hinsicht den eigenen Kindern gegenüber gehandelt wird, wird man zwangsläufig öfters in der Situation stehen, sich im Nachhinein zu fragen: "War das eigentlich vorbildlich?"

Es ist uns klar genug, ja nahezu eine Selbstverständlichkeit, dass wir im Erziehungsprozess immer auch Fehler machen. Wir sind alle Menschen und haben dementsprechend unsere Schwächen. Wer allerdings auf der anderen Seite das Streben aufgibt, aus sich etwas zu machen, der verzichtet auf die Möglichkeit ein erfülltes Leben führen zu können. Deshalb kann es immer nur bedeuten, dass wir als Eltern helfen, dass das Kind zu einer, nämlich "seiner" Persönlichkeit findet, damit es mit allen oberflächlich auf ihn einwirkenden Umständen fertig wird, sie ablehnen kann oder sagen kann: Das übernehme ich, aber nicht mehr. Ich bestimme darüber, wie lange und wie oft ich dies oder jenes mache und so weiter und so fort.

ALLE DÜRFEN ES UND NUR ICH NICHT

Dies zu hören zu bekommen ist seit Generationen bekannt. Warum darf Nachbars Tochter alles und ich nichts? So oder ähnlich könnte die Auseinandersetzung mit dem pubertierenden Kind beginnen. Parallelen bleiben nicht aus, wie der Disco-Besuch, das Schlafen mit dem Freund oder der Freundin und Weiteres mehr sind natürliche Streitpunkte. Wie gehen wir damit um? Da Verbote stets in die Sackgasse führen, kann die Lösung des Problems nur im sachlichen Gespräch miteinander gesucht werden. Der dabei Pate stehende Leitgedanke ist, das junge Menschenkind wiederum älter zu machen. Dagegen kann und wird es nicht Sturm laufen. Inhaltlich bedeutet das, die Verantwortung für sich und für die Familie in den Mittelpunkt der Diskussion zu stellen und danach die Entscheidung dem Kind zu überlassen. Dies ist für die Persönlichkeitsentwicklung des Jugendlichen wichtig, aber dies ist auf Seiten des Erziehers gleichzeitig schwer zu ertragen. Wer sich die Finger verbrennen will, ist nicht zu halten. Irgendwann kehrt sie als Tochter oder er als Sohn zu seinen Eltern wieder zurück, um Halt zu suchen und zu finden. Spätestens dann ist der natürliche Erzieher "entlastet".

UNSER KIND IST KRANK, ICH MUSS ZUM ARZT

Dieser Abschnitt richtet sich nicht an Eltern mit behinderten Kindern, sondern an jene, die das Glück haben, gesund geborene Kinder zu haben und erziehen zu können. Unsere Vorfahren brauchten in den meisten Fällen keinen Arzt. Sie griffen zur Selbsthilfe. Sie benutzten kalte oder warme Wickel, verabreichten Tees auf Kräuterbasis, massierten Bauch und Beine und taten anderes mehr. Sie benutzten also altbekannte und bewährte Hausmittel. Diese standen unmittelbar und sofort zur Verfügung. Dem Kind konnte folglich sofort geholfen werden. Damit sparte man nicht nur Zeit und Geld, sondern tat darüber gleich noch mehr.

Man stärkte darüber die Bindung zwischen dem erkrankten Kind und Mutter oder Vater. Das Kind konnte erfahren, wenn ihm etwas wehtut, bekommt es durch seine Eltern Hilfe. Kinderärzte erzählen immer wieder, dass sie heutzutage oftmals wegen Lappalien zur Hilfe gerufen werden. MUT ZUR ERZIEHUNG bedeutet auch hier Mut zu eigener, verantwortungsbewusster Leistung. Alles, was bindet, stärkt beide Seiten: den natürlichen Erzieher und das Kind.

SEXUALITÄT

Was alles unter Sex geschrieben ist und durch manche Gazetten "geistert", ist eine breite Skala. Unsere Erkenntnis leitende Frage an dieser Stelle ist: "Wer übernimmt sexuelle Aufklärung?" Unsere Auffassung dazu ist, dass das zuallererst Aufgabe der Eltern ist und erst dann Aufgabe der Schule.

Doch Schule soll nun vermehrt sexuell aufklären, weil die Eltern das angeblich nicht (mehr) vermögen. Und genau diese Auffassung teilen wir überhaupt nicht.

Den Eltern grundsätzlich abzusprechen, dass sie nicht aufklären können, ist falsch. Es ist deshalb falsch, weil Kinder, auch Kleinkinder, die Eltern im sexuellen Akt zumeist doch irgendwie beobachtet oder wahrgenommen haben. Und seien dies nur Geräusche.

Erneut hier gilt das Grundprinzip, das KIND ÄLTER ZU MACHEN, als es eigentlich ist. Außerdem ist im übertragenen Sinne auch hier wiederum das OHR AN DER WAND zu haben und letztendlich in allem genügend LANGE LEINE zu geben. Es zählt dabei dreierlei und es zählt deren richtiges Zusammenspiel. Wir sind als Menschen wie immer wieder betont Körper, aber genauso auch Geist und Seele. Die Zusammenhänge im Sexuellen sind darüber absolut diffus. Das will die Natur so und sie treibt dabei auch Raubbau, selbst dann, wenn nicht "alle Obrigkeit" damit einverstanden ist. All das zählt.

Wenn ich mein Kind nun darüber aufkläre, dass Vater und Mutter sich nicht nur streicheln und lieben, sondern auch körperlich lieben, dann muss ich auch den nächsten Schritt machen, und d. h. dem Kind klar machen, dass die Eltern liebend gerne auch miteinander zusammen und intim sind. Die elterliche Aufklärung muss diese drei Seiten – Körper, Geist, Seele – im Blick haben und dem Kind helfen, diese drei Seiten für sich klarer "zu sehen", diese in seiner eigenen

Person wie auch der anderen zu akzeptieren und es muss lernen mit allen Dreien (!) umzugehen. Das sind nochmals: das Körperliche, das Geistige und das Seelische.

Das Körperliche hängt separat betrachtet unmittelbar zusammen mit der Befriedigung derselben Körperlichkeit, und zwar geschlechtlich im Austausch mit dem anderen oder auch alleine mit sich selbst: gemeint ist die Onanie. Der Durchschnittsbürger kennt diesen Akt. Die Schwierigkeit ist eher die, dass er sich nicht darüber äußern kann, und weniger, dass er darüber nichts weiß oder das nicht kennt. Es besteht auch volles Bewusstsein darüber, dass dies nur körperlich und dabei die Liebe weniger im Spiel ist. Auch im Zusammensein mit dem anderen und nicht zuletzt in einer Ehe ist das nichts Verbotenes.

Wenn ich bereit bin dem Kind klar zu machen, dass wir in diesen drei Dimensionen – Körper, Geist und Seele (!) – einen Sexakt durchführen können oder auch nicht, kommen wir um die Akzeptanz der reinen Körperlichkeit nicht umhin. Wir sind "körperlich", ein Leben lang und tragen diesen, den unseren einen Körper mit uns herum – positiv wie negativ. Ob wir dies wollen oder nicht. Weil dies so ist, müssen wir dem Kind verdeutlichen: "Du hast es selbst in der Hand, wie deine Sexualität abläuft". Dabei muss das Kind wissen: "Wenn du das allein machst, kann es niemand anderen schaden – zumindest nicht im Augenblick". Wenn es aber zum Sexualakt mit dem anderen kommt, hat der Mann genauso viel Verantwortung zu tragen wie die Frau. *Beide* tragen dazu bei, dass der Sexualakt erfolgreich ist, dass man eine Befriedigung und ein Glücksgefühl hat – und sei dies auch nur für ein paar Momente.

Als Erzieher muss ich mir folglich im Klaren sein, dass der Akt mir als solcher in seiner Ganzheitlichkeit bewusst ist, dies mit allen positiven und auch allen negativen Seiten, Krankheiten inbegriffen. Es dreht sich jetzt also nur um die Verbalisierung.

Wenn ich dazu einfach wie ein Kind mit dem Kind darüber spreche, dann bin ich sozusagen auf derselben Ebene wie das Kind. In einfacher Wortbildung kann im Grunde "nichts schief laufen". Wenn elterliche Aufklärung derart offen und kindgemäß abläuft, ist diese viel tiefgehender als jede schulische, normierte, auf die Anzahl der Mädchen und Jungen abgestimmte Aufklärung. Und dies können wiederum nur die Eltern.

AN DIE WAND GESPIELT UND LEINEN LOS

Das OHR AN DER WAND haben heißt, ich muss als Mutter, als Vater ein Gespür dafür entwickeln: Womit beschäftigt sich im Moment mein Kind? Was ist sein Interesse? Wo setze ich an, wenn es sich derart verspielt? Gemeint ist im wahrsten Sinne des Wortes "verspielen" mit dem Computer, dem Internet, in den "Sozialen Netzwerken", dem Spiel am Computer, der Spielekonsole und so fort. Dann kann den Eltern im Grunde nur angeraten werden, sich "fit" zu machen, d. h. mit dem Kind in Augenblicken, wo es beispielsweise am Sonntag möglich ist oder wo ich nicht berufstätig bin, mich mit dem Kind zusammen dorthin zu bewegen, wo das Kind "gerade" spielt und mit ihm entdecken, was wäre schädlich und was ist nützlich oder vor allen, was ist interessant.

Die Eltern können sich in der Regel den neuen Medien nicht unmittelbar aussetzen und sich nicht direkt hineinfühlen, da sie in ihrer eigenen Kindheit dem gar nicht ausgesetzt waren, wie es heute in der Form möglich ist. Ihnen fehlt etwas. Sie müssen dies erst neu lernen. Im Unterschied zu den Kindern nennt man sie, diese in die digitale Virtualität hineinwachsenden Erwachsenen, auch "Digital Immigrants", die Kinder dementsprechend "Digital Natives".

Kinder sind in ihrer infantilen Entwicklung stark auf die Außenwelt ausgerichtet. Sie wollen in die Erwachsenenwelt hineinwachsen. Alles, was ihnen angeboten wird von und aus der Welt der Erwachsenen, saugen sie förmlich in sich auf. Es gibt folglich für Vater und Mutter nur eine Möglichkeit: Die Freizeit, die ihnen bleibt, in Liebe zu ihrem Kind mit dazu benutzen, diese Kontrolle auch durchzuführen, um dem im Spiel sich verspielenden Kinde am Ende sagen zu können: Jetzt ist Schluss.

Es geht nicht um ein grundsätzliches "Schluss damit", sondern getreu dem Prinzip der LANGEN LEINE, um ein der Situation und dem Alter angepasstes Spielen und dessen entsprechende Begrenzung in Zeit und Inhalt. D. h., das Kind darf nicht allein gelassen werden im Umgang mit all den Techniken und der so genannt neuen Welt der Medien. Es ist eine Welt, welche an sich für die Erwachsenenwelt gedacht ist und zunächst keineswegs für das Kind. Ein Kind kann sich noch nicht zur Wehr setzen und vor allem, es versteht einiges noch nicht.

Kinder verstehen zum Beispiel noch keine Ironie. Entsprechend ist es auch gefährlich, wenn Pädagogen mit Ironie arbeiten. Kinder sind noch nicht so weit, dass sie auf dieser Ebene korrespondieren können. Genauso wenig können sie mit Skepsis oder einem Sinn für Nuancen etwas anfangen. Diese kognitiven Fähigkeiten, die es ihnen etwa ermöglichen auf kritische Distanz zu gehen, sind noch nicht fertig ausgebildet. Diese Fähigkeiten sind keine Frage der Intelligenz, sondern der Entwicklungsstufe. Dies gilt ganz besonders auch in Bezug auf die neuen Medien.

Wenn die Eltern nicht bereit sind, einen Teil ihrer Freizeit, wir sagen bewusst Freizeit, zu opfern, um sich um das Kind zu kümmern, und zwar in Bereichen, die eine wirkliche Gefahr in psychischer, in geistiger und intellektueller Hinsicht bedeuten, kann das Kind Schaden nehmen. Dessen muss man sich elterlicherseits bewusst sein.

Die Mutter, der Vater stehen aber dabei normalerweise nicht isoliert allein, sondern sie haben wiederum auch Familie um sich. Auch dann, wenn diese in der Regel nicht mehr den umfassenden Charakter einer Großfamilie hat, so gibt es zumeist doch Großeltern, welche mit in die Erziehung einbezogen werden können, und zwar vornehmlich dort, wo der Vater respektive die Mutter ausfällt.

Haben wir doch die Überalterung der Alten bzw. eine alternde Gesellschaft. Warum soll man sie, die Alten, nicht mehr in diesen Erziehungsprozess der Familie einbeziehen? Warum sollen sie tatenlos daneben stehen, um sich sagen zu lassen "Oma oder Opa, wir haben jetzt keine Zeit". Warum? Warum sollte es kein "Oma, kannst du das übernehmen?"

geben oder "Opa, kannst du hier einspringen?" Warum soll man diese natürlicherweise eher zur Verfügung stehenden Zeiten der Alten nicht mit einbeziehen in die Familie? Wir sprechen hier von der "Familie" und an dieser Stelle bewusst nicht von Fremden. Warum nicht?

Es gilt das amerikanische Sprichwort: "Zur Erziehung eines Kindes bedarf es eines ganzen Dorfes". Zur Erziehung eines Kindes bedarf es über die Eltern hinaus eines Freundeskreises, eines Bekanntenkreises und einer losen Folge von zufälligen Kontakten bzw. der vielen "unbewussten Erzieher". Sie alle helfen mit. Aber, worauf wir an dieser Stelle hinaus möchten ist, dass wir speziell in der Familie Kompetenzen haben, die allzu oft ungenutzt sind. Und die Eltern sollten diese Potenz mitnutzen, ja mitnutzen lernen.

Wer sein Enkelkind liebt, und das ist der Normalfall für Opa und Oma, der wird gerne bereit sein, einen Teil seiner Freizeit dafür zu nutzen. Natürlich kommen hier Fragen nach den örtlichen Verhältnissen und anderes mehr hinzu. Dennoch können dort, wo beide Elternteile arbeiten müssen oder wollen, die Großeltern ihre groß-elterlichen Kompetenzen mit in die Erziehung einbringen.

Dort jedoch, wo nicht der Zwang der beiderseitigen Erwerbsarbeit besteht, ist die Priorität der Elternerziehung vorrangig gegenüber der Kita und allen anderen Alternativen!

Über den Begriff der Verantwortung haben wir gesprochen. Gleich welches Lebensmodell der Partner und welches Konzept der Erziehungs- und ggf. auch Unterbringungsart gewählt worden ist, die Verantwortung bleibt immer bei dem Vater und der Mutter. Elterliche Erziehungsverantwortung kann nicht delegiert werden, grundsätzlich nicht!

Aber es ist ein Unterschied, ob ich weiß, dass mein Kind bei Oma und Opa ist oder aber in einer Kita.

Auf der einen Seite ist die Beziehung eine auf Liebe gegründete, natürliche, auf der anderen ist sie es nicht.

Gleiches gilt anstelle oder in Erweiterung der Opa-Oma-Beziehung womöglich auch für die Abstimmung unter Geschwistern, dies in einem wechselseitigen Helfen und Einbringen erzieherischer Kompetenzen. Wenngleich heute die Geschwister als direkte Miterzieher zunehmend ausfallen, da vielerorts nur noch ein Einzelkind da ist – wenn überhaupt – und das Geschwisterkind oftmals fehlt.

Die Frage, braucht das Einzelkind die Kita, um sozialisiert zu werden, kann klar mit einem NEIN beantwortet werden.

Wenn das Kind im Verband der Familie so erzogen worden ist, dass es zum Beispiel auch weiß, dass es auf bestimmte Dinge zu verzichten hat, weil etwa das Geld nicht vorhanden ist, können das Vater und Mutter gut erklären. Da hat die Kita gar nichts mit zu tun. Sie, die Kita, hat dieses Problem nicht zu lösen. Das frühe Einbeziehen des Kindes in die Nöte, die sich für die Erwachsenenwelt ergeben, ist ein Vorgang, der am Ende ganz automatisch zur Sozialisierung führt.

"Als mein Vater (G. Hoffmann) beispielsweise eine Zeit lang arbeitslos war, war es für mich und meinen Bruder aufgrund der Bitte meiner Mutter gar klein Problem Zeitungen und Brötchen auszutragen, dies vor der Schulzeit. Was war also passiert? Wir wurden frühzeitig durch die Notlage der Eltern dahin gebracht 'miteinander' zu leben und zu helfen."

Sozialisieren heißt ja soviel wie "miteinander leben". Ob dieses "Miteinander-Leben" im Familienverband zuerst passiert oder in der Kita, ist schon ein bedeutender Unterschied.

Damit sind wir wieder beim seelischen Bereich, aber die Seele gehört zum Menschen untrennbar dazu. Wir Menschen sind, wie an anderer Stelle bereits gesagt, keine Maschinen. Der seelische Bezug ist viel gravierender als etwa das äußere Lernen mit anderen Kindern in der Kita. Wenn das Kind in einer Familie aufwächst, auch dann, wenn diese klein ist, also nur aus dem Vater oder nur aus der Mutter besteht, aber dazu zumindest noch die Großeltern hinzukommen, wovon man heute, da diese zumeist älter werden, ausgehen kann, dann ist zumindest eines gewonnen: die Nestwärme. Auf diese so genannte Nestwärme setzen wir weitaus mehr, als auf alle anderen Erziehungsmöglichkeiten, die man in privater Organisation oder die seitens des Staates bereitgestellt werden.

ARBEITS- UND FAMILIENWELTEN

Das 19. Jahrhundert war gekennzeichnet dadurch, dass die Maschine die Handarbeit gröbster Art abnahm. Das hat einerseits eine gewaltige Zunahme der Produktion ausgelöst und andererseits die erste Arbeitslosigkeit. Beides ist miteinander vermacht. Wir stehen seitdem in einem Umbruch – weltweit – der rückläufigen Arbeitsmöglichkeiten, weil die Maschine und entsprechend in unserer Zeitepoche der gesamte Computerbereich uns mehr Handarbeit unterschiedlichster Art und ebenso geistige Arbeit ab- oder auch wegnimmt.

Unter diesem Gesichtspunkt ist es illusorisch anzunehmen, dass die Frau, wie heutzutage geradezu ehern proklamiert wird, im ökonomisch gesetzten Arbeitsprozess unbedingt gebraucht wird – in der Verwirtschaftlichung der Gesellschaft, der Technik und wo auch immer.

Damit verbunden steht nicht nur ein Aufruf zu einem rousseauschen "Zurück zur Natur", sondern zugleich ein Aufruf zu einem "Zurück zur Vernunft". Sofern das alles nicht in ein Gleichgewicht gebracht wird, gemeint ist die Technisierung, die Entwicklung des Computerwesens, dann "ist das des Teufels" und führt zur Arbeitslosigkeit der Menschheit im großen Stile. Die Vernunft müsste siegen und demnach müssen gewisse Dinge angeschaut und wieder in die Hand genommen werden. Das würde bedeuten, dass wieder Freiräume entstehen werden.

Die Frage: Wie lange arbeitet der Mensch, wird seit Jahren heiß diskutiert. Wann könnte er ausscheiden? Wenn er früh ausscheidet, haben wir ihn als Rentner jahrelang zu ernähren. Arbeitet er länger, nimmt er den Jungen den Arbeitsplatz weg.

Dieses Ungleichgewicht zwischen der Errungenschaft der Technik und auf der anderen Seite den normalen Arbeitsmöglichkeiten und Arbeitsbedürfnissen ist das, was uns zu schaffen macht, heute und zukünftig und weltweit.

Ein Zurück nicht nur in puncto der Finanzierung der Renten und Pensionen wird zwangsläufig eintreten (müssen). Dies ist eine ganz normal zu erwartende Entwicklung. In den Südstaaten Europas wird uns dies zum Teil schon vorexerziert. Erhebliche Massenarbeitslosigkeit und ein Staat, der dies alles nicht mehr finanzieren kann. Was noch vor Dekaden an Jahren als eine Vision denkbar war, wird zunehmend Realität werden. Die Schraube dreht sich selbst zurück. Davon kann ausgegangen werden.

Ebenso wird die Frage auf uns zukommen, in wie weit man immer mehr Geld in die Kita-Erziehung steckt. Unsere Meinung dazu ist unmissverständlich klar: Es ist eine Sackgasse und damit in der eingeschlagenen Strategie falsch! Selbst dann, wenn Kleinkinder und Kinder in die seitens des Staates bereitgestellte Erziehung gegeben werden können, muss dem nicht zwangsläufig nachgekommen werden. Es besteht kein Kita-Zwang! Die Erziehung muss nicht gleich zwangsläufig an vorrangig Außenstehende gegeben werden. Keineswegs bzw. ganz im Gegenteil.

Warum soll – wie oben bereits angesprochen – nicht etwa die ältere Generation, die das Glück hat, eigene Kinder zu haben, in diesen Bereich mit eingeschaltet sein? Und Familie besteht nicht nur aus Vater, Mutter und Kind, sie besteht auch nicht nur aus den Großeltern, sondern da sind noch Tanten, Onkel und womöglich Geschwister. Es bestehen folglich noch weitere familiäre Bindungen, die genutzt werden können, aber nicht immer genutzt werden.

Der Rückgriff auf die Familie bedeutet, dass Eltern primär erziehen. Wenn sie delegieren müssen, dann haben sie aber nach wie vor die Verantwortung und dafür zu sorgen, dass das Kind in fremden Händen so behandelt wird, wie es nach ihren Vorstellungen zu verantworten ist. Natürlich kann auch einmal die Nachbarin einspringen, wenn man verantworten kann, dass sie geistig, körperlich und seelisch das auch bewältigen kann und das Vertrauen vorhanden ist.

Jedes Weggeben des Kindes an den Staat ist eine insofern verantwortungslose Haltung, weil der Staat juristisch und moralisch nicht "greifbar" ist. Es sind immer nur Personen, die zeitweise eine bestimmte Funktion innehaben, und wenn sie falsch handeln, dann ist dies Handeln an meinem Kind nicht mehr reparabel. Dann sind diese Personen womöglich nicht mehr im Dienst. Sie sind nicht mehr "greifbar".

VOM ERKENNEN DER BEGRENZTHEIT, DEM AKZEPTIEREN UND SPASS AN DER FREUD BIS ZUM LEBEN IM EXTREMFALL

Mut zur Erziehung bedeutet auch die Begrenztheit des Kindes zu erkennen und zu akzeptieren. Es ist normal, dass jedes Elternpaar sich für das Kind vorstellt, dass es die bestmögliche Ausbildung erhält. Jetzt soll aber der Fall erörtert werden, dass das Kind von seinen geistigen Voraussetzungen, von seinem IQ, nicht in der Lage ist, den Traumvorstellungen zu entsprechen: Unser Kind wird einmal Abitur machen, unser Kind wird einmal studieren, dann macht es noch einen Doktor und wird schließlich Professor an einer Universität. Jetzt kommt der "Kladderadatsch" und das Erkennen, dass mit den normalen Mitteln einer schulischen Beeinflussung, dem schulischen Unterricht – wir wollen gar nicht sagen Erziehung –, diese Traumwelt eine Traumwelt bleibt, weil das Kind nicht in der Lage ist, diesen Weg, den Vater und Mutter sich gedacht haben, zu gehen. Was erfolgt? Es folgt Frustration. Das Kind enttäuscht. "Ent-täuscht". Aber es kann nicht anders als diesem Traum der Eltern zu widersprechen.

Wer sich ändern muss, sind logischer Weise Vater und Mutter. Sie müssen in ihren Zielvorstellungen für das Kind der Wirklichkeit folgen. Das heißt, dafür zu sorgen, dass das Kind trotzdem eine glückliche Kindheit hat, dass es trotzdem alle notwendigen Entwicklungsphasen ausreichend durchläuft und, dass es seinen Fähigkeiten entsprechend schulisch, respektive beruflich gefördert wird.

Die Frustration ist zunächst negativ. Die Frustration schwindet in dem Augenblick, wo die Eltern flexibel sind, ihre Traumwelt zu verlassen und der Wirklichkeit des Kindes zu entsprechen. So allein kann es gut gehen, dass das Kind in eine Schulart eingeschult wird, in der es nicht nur laufend "negative" Ergebnisse und Erlebnisse hat, sondern positive Erfolge.

Das bedeutet, dass wir ein differenziertes Schulsystem brauchen, das sozusagen jedem einzelnen Kind "theoretisch" entspricht. Dass das nicht machbar ist, ist hinlänglich bekannt. So etwas gibt es nicht in der Wirklichkeit.

Man kann also nur "Netze" entwerfen, in denen das Kind "gehalten wird", und zwar in der geistigen Entwicklung, die es von Haus aus erreichen kann. Das bedeutet zwangsläufig ein Schulsystem, was vom Kind ausgeht und nicht vom Wohl des Staates!

Das ganze zwei- oder dreigliedrige System, wie wir es heute haben, entspricht dem in keiner Weise. Wenn wir ein System hätten, welches dem Pestalozzi-Gedanken: *Ich vergleiche kein Kind mit dem anderen*", nahe käme, dann käme automatisch die Erkenntnis: "Das Kind bleibt ein Individuum", und zwar sein Leben lang. Ich kann nur das wecken, was latent in dem Kind vorhanden ist. Jeder Versuch, mit unterschiedlichen Tricks, Gewalt und was alles in Erziehungssystemen eingeplant ist, um "zu quetschen" und herauszuholen, was nicht herausgeholt werden kann, ist falsch. Es geht an der Wirklichkeit vorbei.

Dass der IQ grundsätzlich entwickelbar ist, ist völlig klar und mittlerweile ein "alter Hut".

Wenn dem Tier kein Futter gegeben wird, dann kann es nicht überleben. Das heißt im übertragenen Sinne: Das Kind muss "Futter haben", nur es muss das Futter haben, was ihm auch schmeckt. Und das ist der Punkt. Sobald es ein Futter bekommt, was es nicht verträgt, ist die Katastrophe da: abgebrochene Schulwege, die so zahlreich sind. Die abgebrochenen Schulwege zeigen das Unvermögen des staatlichen Erziehungswesens.

Sofern einem Kind irgendetwas in seinem jungen Leben besonderen Spaß macht, ist eine Situation gegeben, in der die Eltern diesen "Spaß" aufgreifen müssen, um die besondere, vielleicht auch einseitige Fähigkeit, beispielsweise im Sport oder in der Musik oder wo auch immer, zu fördern. Und das ist genau das andere, was wir unter dem Begriff der Enttäuschung gefasst haben, dass die Traumwelt mit den Vorstellungen der Eltern, der Wirklichkeit entsprechend, in der das Kind leben muss, übereinstimmt. Wir hätten keine besonderen Begabungen auf den unterschiedlichsten Gebieten, wenn wir ihnen nicht auf diese Weise entsprechen würden. Das ist kein Widerspruch zu dem, was generell gemeint ist, in der

Erziehung jedes Kind für sich nehmen zu müssen und im Grund nicht miteinander vergleichen zu dürfen.

Kommen wir zum "extremen" Fall: Wie oft ist zu erleben, dass Mütter von schwer behinderten Kindern ihren "Lebensinhalt" in genau dieser Beziehung zu dem behinderten Kind finden. Dass "normale Menschen" sagen: Wie kann das nur möglich sein, dass eine Mutter so viel Kraft in sich hat, um trotz dieser schweren Behinderung, die dem Kind zu eigen ist und nicht mehr verhindert werden kann, ihr ganzes Leben opfert, um dem Kind zu entsprechen? Wir sprechen hier bewusst von der Mutter. Der im Volksmund bekannte Satz: "Dazu ist nur eine Mutter in der Lage", kommt nicht von ungefähr. Der engagierte Vater möge uns mit Nachsicht sehen. Wir sprechen hier bewusst von der Regel, nicht von deren Ausnahme. Die Ausnahme der Regel gibt es genauso selbstverständlich wie die Regelhaftigkeit, sich durch selbsterfüllende Erfahrung im Alltag bestätigt weiß und darüber immer wieder neu zur Regel manifestiert.

In ihrer Hingabe im Extremen erfährt sie, die Mutter, ein "Glück". Glück ist nicht dort, wo Geld ist, das Glück ist nicht dort, wo besonders günstige Lebensumstände sind, sondern das Glück ist dort, wo sich Liebe manifestiert, wenn die Augen des Kindes der Mutter ausreichen, damit sie weiß, mein Kind ist glücklich mit mir zusammen, und ich kann ihm dazu verhelfen, dann ist Glück da.

BEGRENZT UND UNBEGRENZT

Die Begabungsfähigkeit des Kindes zu entdecken, zu testen und das Kind dabei, so weit die Natur des Kindes dies möglich macht, zu fördern, das ist das Erkennen und folgerichtig der Weg, um dem Kind zu dem zu verhelfen, was es ist, d. h. was in ihm natürlich angelegt ist. Was man dazu braucht, ist wiederum – und zwar in der Reihenfolge – Liebe und Geduld.

Wenn der Vater erkennt – wir setzen an dieser Stelle in unserer Argumentation ihn zuerst und nicht die Mutter – , mein Wunschtraum, mein Kind macht das Abitur und später soll es studieren, ist passé, setzt im Vater sofort automatisch ein: "Was dann?" Eltern sind ja einer anderen Generation angehörig als das Kind; sie sind erwachsen. Sie haben die Möglichkeit, sei es im Bekanntenkreis, in der Familie, und wo auch immer sie Mitstreiter haben, in dem Sinne, dass sie da Menschen haben, die in einer ähnlichen Situation sind, sich zusammenzutun. Diese Gruppen aller Arten, Formen und Inhalt gibt es bereits. All diese natürlichen und auch gewachsenen Beziehungsgefüge können mithelfen, dass der Vater dem Kinde den Weg weist, den es aufgrund der begrenzten Fähigkeit gehen kann. Sei es im Bereich des Körperlichen, sei es im Bereich des Geistigen und sogar des Psychischen. Auch hier sind wir der Meinung, dass es keiner professionellen Anleitung bedarf.

Wenn der Intellekt des Vaters "richtig tickt", als derjenige, welcher entscheidenden Einfluss auf den Bildungsweg hat – und Bildungsweg ist begrifflich weitgehender als der Unterrichtsweg oder Erziehungsweg

–, dann hat er naturgemäß die Fähigkeit zu empfinden, dass dieser oder jener ein Weg ist, welcher für sein Kind gangbar ist.

Erinnert sei, dass wir an anderer Stelle die Freude des Kindes am Spiel hervorgehoben haben. Zum Erkennen, dass das Kind auf bestimmten Gebieten besonders aktiv ist, bedarf wiederum nicht der professionellen Erkenntnis, sondern vielmehr des Einfühlens in das, was das Kind sozusagen in sich trägt. Und es ist zweifelsohne eine Grenzsituation, wenn seitens des Vaters Grenzen im Vermögen des Kindes erkannt werden.

Es sei nochmals betont, dass wir hier zunächst immer noch bewusst den Vater im Blickpunkt haben. Seine Heraushebung an dieser Stelle hängt damit zusammen, dass wir in der ganzen Verwirtschaftlichung auch Ökonomisierung der Gesellschaft zurzeit immer noch eine Dominanz der Männer haben. Vielleicht wird eine Zeit kommen, wo das Matriarchat wieder mehr Dominanz erhält. Genau wissen können wir es nicht, vielleicht aber erahnen. Zumindest deutet Einiges in diese Richtung.

Der Weg also, des Vaters, in der Auswahl der Bildungsmöglichkeiten für das sich in seiner Begrenztheit oder im extremen Fall sogar Behinderung – körperlich, geistig oder psychisch – erlebende und erfahrende Kind, ist der, welcher gleichzeitig von Liebe und väterlicher Erfahrung seiner im eigenen Berufsleben geprägten Persönlichkeit geleitet ist.

Kommen wir jetzt zur Mutter. Es gibt keine natürlichere Bindung als das Verhältnis zwischen Mutter und Kind. Die Mutter ist sozusagen die Nächste, beginnend vom "Urkeim", den sie in sich getragen hat bis zur Entbindung, weiter nach dem ersten Kinderschrei und weiter nach der Stillzeit und so fort. Nach diesen Phasen ist die Mutter vermutlich diejenige, die psychisch dem Vater Stütze sein kann, weil sie es ist, die ihrem Kind nur oder gar ausschließlich wünscht, es soll einmal glücklich sein und ein lebenswertes Leben führen können. Dies Wünschen erwächst aus der Erkenntnis – gleich wie dem Vater –, dass Begrenzungen oder auch Behinderungen im natürlichen Bereich vorhanden sind.

Wir gehen davon aus, dass hier dem Kind das größte Glück zuteil wird, sofern beide Elternteile vorhanden sind, was ohnehin generell gilt, aber in diesem besonderen Fall umso mehr.

Im Fall der Begrenzung irgendwelcher Fähigkeiten ist das bestimmt so. Vermutlich tun die Eltern – wir sagen jetzt bewusst und etwas zugespitzt – gut daran, dabei keinen Psychiater zu Rate zu ziehen.

Der Psychologe hat als Kerngebiet sozusagen nur die Psyche. Er glaubt damit in der Behandlung der Psyche dem ganzen Menschen entsprechen zu können. Dies stellen wir in Abrede.

Der Mensch besteht eben nicht nur aus Psyche. Er besteht genauso aus Intellekt wie aus der Körperlichkeit. Die Trennung in Fachmedizinbereiche führt weg vom ganzheitlichen Bild des Menschen. Wir erleben zunehmend, dass die Mutter eines behinderten Kindes noch mehr Kräfte entwickeln kann für das Kind als die Mutter eines "normalen" Kindes. Wie bereits oben erwähnt ist die Ausschau nach gleichartigen Fällen, woraus Gruppen sich derer mit in ihren Fähigkeiten begrenzten Kindern bilden können, so auch behinderten Kindern, am Ende mehr Kraft erzeugend, um den richtigen Weg zu weisen, als etwa der Psychologe oder Psychiater dies leisten kann.

Doch kommen wir nun auf das in "normaler" Weise begrenzte oder auch sich begrenzende und nicht behinderte Kind zu sprechen, welches auf dem Gymnasium eingeschult ist und im Laufe einer gewissen Zeit zunehmend auffällig wird, indem es beispielsweise Kopfschmerzen hat, eine Trägheit bis Apathie im Spiel zeigt und in ungewohnter Weise an allem Schulischen lustlos wird, was den Eltern die Vermutung nahelegt, das Kind sei womöglich schulisch überfordert.

Fragen wie: "Was machen wir nun?" oder konkreter: "Nehmen wir das Kind von der Schule?", sind keinesfalls einfach zu entscheiden.

Ein Gymnasium, welches heutzutage dem Kind in seiner Ganzheit wenig gemäß ist, macht das Entscheiden darüber zusätzlich schwer. Das "System" Schule kreist zurzeit maßgeblich um die gegebenen Strukturen und ist zu wenig am Nutzen der Schüler orientiert. Dies gilt in ganz besonderem Maße fürs Gymnasium, wo die "Unterrichterei" eher in den Vordergrund gestellt wird und weniger die Pädagogik.

Auch ein bleibender Klassenverband ist einer der, wie oben ausgeführt, UNBEWUSSTEN MITERZIEHER fürs Kind, welcher in seiner Bedeutung keineswegs unterschätzt werden sollte.

Die Kinder wissen um diese Rolle gar nicht und deshalb können sie nicht bewusst professionell erzieherisch handeln. Sie haben gänzlich andere Ziele und Vorstellungen. Der über einen möglichst langen Zeitraum bestehen bleibende Klassenverband ist ein zweifelsohne wichtiger Miterzieher, weil Kinder sich dort unbewusst gegenseitig erziehen.

Ein Herausnehmen des Kindes aus seinem gewohnten Klassenverband bedeutet zumeist auch einen zusätzlich großen psychischen Verlust und ist zuletzt eine Entscheidung, welche mit viel Umsicht zu treffen ist. Der umgekehrte Fall ist auch denkbar, wird natürlicher Weise jedoch eher die Ausnahme und nicht die Regel sein.

Sollten sich die Eltern am Ende reiflicher Überlegungen nun doch für einen Schulartwechsel entscheiden, kann die Suche nach einer neuen Schule dadurch erleichtert werden, dass man über Außerschulisches und die Freizeittätigkeiten des Kindes weiß, dass dort beispielsweise bereits Kinder sind, die das eigene Kind gut kennt oder sogar gerne miteinander gespielt wird bzw. man sich in der Freizeit wie beim Sport oder über die Musik oder anderes mehr trifft. Dies kann den Neueinstieg erleichtern helfen.

Gesetzt den Fall: Die Eltern sind der Überzeugung, das Kind sollte noch auf der ursprünglich ausgewählten Schule bleiben und sie berufen sich dabei auf die GEDULD, aber die Schule wiederum ist der Überzeugung, das Kinde solle jetzt von der Schule gehen. Was dann? Wenn GEDULD auf Seiten der Erziehung wirklich praktiziert wird – und das bezieht sich in diesem Fall auf *beide* Seiten –, dann folgt daraus, dass das Kind noch weiter in dem Klassenverband verbleibt.

Dies passt insofern, als in der aktuellen Diskussion um Schule und Schulformen der alte Gedanke wieder einmal aufgegriffen wird, fortan in der Schule ohne

Versetzung auszukommen. Danach läge ja gar nichts im Wege, dass GEDULD praktiziert wird.

Sofern jedoch das Versetzungsprinzip durchgeführt wird, kann folgende Alternative auftreten. Die eine ist, das Kind schafft durch die GEDULD *aller* Beteiligten, an erster Stelle sind dies die Eltern und an zweiter Stelle die Schule, im Klassenverband verbleibend, im Schnitt der Unterrichtsfächer die gestellten Anforderungen zu erfüllen. Die andere ist, es schafft es nicht.

Für den zweiten Fall kann nur ein Schulwechsel vorgenommen und dabei nach Möglichkeit dem Wunsch des Kindes entsprochen werden.

Jedes Kind, aber auch jedes entwickelt sich auf "seine" Weise. Es entwickelt sich nicht auf die Weise der etwa Erfolg erwartenden Eltern und schon gar nicht auf Basis der anderen Beurteilungen der beteiligten Pädagogen.

Abschließend, aber nicht zuletzt kommt an dieser Stelle eine fürs weitere Wohl des Kindes zu treffenden Entscheidung noch hinzu, dass, so weit es der Bildungszustand und die Einsicht des Kindes erlauben, mit dem Kind die im Grunde entscheidende Frage besprochen wird: "Was willst du?"

Das Kind ist ja dasjenige, welches diesen vorgeschriebenen Weg – wie immer er aussehen soll – durchlaufen soll. Wir als Erwachsene, d. h. auch die Eltern, haben nicht das Recht, es entsprechend seiner Altersstufe zu beurteilen, *weil das Kind ein Kind ist*!

Auch hier gilt nochmals das Grundprinzip ICH MUSS DAS KIND ÄLTER MACHEN, ALS ES IST.

Das heißt folglich, es muss mit dem Kind um die Entscheidung gerungen werden, und zwar darüber: "Was willst du?"

"Als Lehrer und vor allem als Schulleiter habe ich (G. Hoffmann) persönlich die besten Erfahrungen mit den sogenannt "abgeschriebenen Schülern" gemacht. "Hoffnungslos, Herr Hoffmann", hieß es: "Es ist Quatsch, dass die Eltern den da noch lassen, das ist Unsinn. Gehört nicht auf unsere Schule."

Zunächst habe ich in diesen Fällen mit den Eltern gesprochen, dann mit dem Kind. Und zwar habe ich mit dem Kind *allein* drüber gesprochen, um herauszuhören, woran sein Versagen liegt. Und, wenn ich dann die ganze Nomenklatur erfahren hatte, was im Elternhaus "los ist", was mit den Geschwistern ist, was mit Oma und Opa, den nächsten Verwandten, dann folgte der Schluss, wenn du nun an seiner Stelle wärest, wie würdest du dich dann verhalten. Durch diese Gespräche habe ich gelernt, das Kind nicht "isoliert", sondern stets in seinem Umfeld zu sehen und zu beurteilen."

Intensive Gespräche mit dem Kind fordern es ja heraus, über sich zu reflektieren, auch dann, wenn es das eigentlich gar nicht will oder nicht kann. Wenn ich vorher aufgebe, versündige ich mich an dem, was die Begrenztheit des Kindes an Auflagen mir als Vater und Mutter auferlegt. Die Entscheidung jedoch kann den Eltern nicht abgenommen werden.

Unser Schulwesen ist in sich so krank, dass bei dieser Konstellation das Elternrecht immer auf der Strecke bleibt. Doch genau darauf kommt es letztendlich an.

Nicht das Kind ist ein potenzieller Schulversager und scheitert im Grunde eher selten an dem Stoff, sondern vielmehr an der Struktur der Schule. Selbst ein vermeintlich gesundes Kind kann es schwer haben, im System Schule auf Dauer zu bestehen. Und wie viele Stunden Professionalität überhaupt verträgt ein gesundes Kind am Tag?

Was die Eltern konkret machen können, ist dem Kind in seinem Ich, in seinem Innersten, den Rücken zu stärken und nicht obendrein noch den von außen aufgezwungenen Standpunkt der Schule, als verlängerter Arm der Schule, zu vertreten. In so einem Fall hätte das Kind ansonsten eine doppelte Front zu verkraften.

Bedenken wir dazu nochmals genauer die Rolle von Vater und Mutter: Vater und Mutter sind dem Kind gegenüber nicht ersetzbar. Das ist in der Natur nicht anders. So wie Vater und Mutter zur Zeugung notwendig sind, ohne die Beiden geht es nicht, auch dann nicht, wenn an die modernen Möglichkeiten der Reproduktionsmedizin gedacht wird, zumindest nicht auf natürliche Weise, dann ist die Mutter immer die Nächste am Kind. Sie bleibt ein Leben lang die Mutter und damit die Nächste.

Der Vater muss erst in seine Vaterrolle hineinwachsen. Die Mutter kann eher auf intuitive Weise das für das Kind Richtige wählen, der Vater muss es lernen und er kann es lernen. Die Mutter ist auch deshalb näher an dem Kind dran, weil sie länger und dauerhafter als der Vater die emotionalen Bindungen festigt.

Nicht zuletzt aus diesem Grunde springen Väter manches Mal "schneller ab".

Die natürliche, dauerhafte, psychische Bindung der Mutter ist vermutlich das stärkste Bindeglied. Die Verbindung zwischen Mutter und Tochter ist manches Mal diffiziler, als die Beziehung zwischen Mutter und Sohn. Auch dies zeigt, dass hier ein Unterschied vorhanden ist, was die Nähe zum Kind betrifft. Sofern "das Duett" Mutter Vater entfällt, geht dies immer auf Kosten des Kindes. Eine Binsenweißheit, man weiß es im Grunde. Ein Verlust mehr, den das Kind ertragen muss. Das Erstaunliche dabei ist, dass das Kind es schafft. Wie viele Kinder müssen unter diesem Verlust ihre Kindheit durchstehen und erleben! Entweder ist dies der Verzicht auf den Vater – zumeist ist dies eher der Fall – oder eben auf die Mutter. Die Rolle, die die Eltern gegenüber dem Kind "spielen", ist daher sehr unterschiedlich.

Der Mann muss gegenüber der Mutter durch Intellekt und Psyche manches ersetzen, was ihm von Natur her nicht eigen ist. Die Kindesliebe seitens des Vaters ist nie so spontan wie die der Mutter. Aber, und das ist hier wichtig hervorzuheben, wenn das Kind richtig reagiert, hilft es dem Vater beim Festhalten.

Kinder können etwas, was wir als Erwachsene verloren haben. Sie sind als Pädagogen "die kleinen Engel", die dann, wenn sie erwachsen sind, leider keine Engel mehr sind, sondern auch Bengel werden. In dieser Stufe von Null bis an die Pubertät vermögen Kinder sogar Ehen zu retten.

Wenn die Mutter das Kind in Liebe betreut, dann wächst ihm eine Stärke zu, die es kräftiger im psychischen Bereich werden lässt, um den Anforderungen –

beispielsweise selbst eine Ehe zusammenzuhalten – zu entsprechen. Die Tatsache, dass um die Kinder gekämpft wird, im Ehestreit oder bei der Scheidung, zeigt die Potenz der Fähigkeit eines Kindes den Eltern gegenüber.

Väter können sich aufgrund der soweit "angerissenen Beziehung" vom Kind leichter trennen und sich der Gerichtsentscheidung unterwerfen. Den härtesten Part hat zumeist auch hier die Mutter zu tragen. Sie ist die Geschlagene "in diesem" Bereich.

Unser Schlusswort dazu lautet: Ein Kind kann durchaus Ehen retten, weil es die heile Welt für sich erhalten möchte. Es beansprucht dafür von Natur aus "Vater *und* Mutter".

Eltern sind immer vornehmlich Eltern und dürfen sich in elterlicher Verantwortung für ihr Kind oder ihre Kinder auf keinen Fall einer Schule wortlos hingeben, in der vornehmlich nur noch gelehrt und nicht mehr gelernt wird. Kinder scheitern wie bereits gesagt in der Regel nicht am Stoff, sondern wenn sie scheitern, dann an den Lernformen.

Wenn wir bedenken, wie viel Zeit heute der Schule im Allgemeinen und für Schulunterricht und Lernziel im Besonderen zur Verfügung steht, braucht das Kind nicht noch zwangsläufig Nachhilfe – diese lindert ohnehin nur ein Symptom –, sondern das Kind braucht verständnisvolle Eltern, die weniger ums "sture Pauken", sondern mehr fürs Lernen in und mit der Schule, den vielen "unbewussten Erziehern" in der Schule und woanders sowie im freien Spiel dem Kind Raum und Möglichkeiten schaffen und diese pflegen. Eltern sind immer Eltern und niemals semiprofessionelle Erzieher, denen womöglich noch nahegelegt wird, wie es heute erneut hier und da zu hören ist, einen "Elternführerschein" zu machen, verstanden als eine staatliche Lizenz, welche es Eltern erlaubt, Eltern zu werden und zu sein. Kindererziehung wäre danach nicht mehr das "natürliche Recht der Eltern", sondern etwas, was man sich durch "Genehmigung" seitens des Staates erwerben muss.

Manche nicht gerade unbekannten Erziehungs- und Sozialwissenschaftler unserer Zeit sprechen sich heute wieder einmal für verbindliche Elterntrainings aus oder fordern mindestens starke Anreize dafür, eine im Grunde "alte Idee", welche schon einmal in den 1920er Jahren heftig diskutiert worden ist. Dabei ging es damals und geht es heutzutage wieder um finanzielle Unterstützung des Staates für so genannte "Elterntrainings", bei denen Väter und Mütter "direkt in ihrer Aufgabe als Erzieher und Bildungsförderer" ausgebildet werden würden.

Unabhängig von der Unnatürlichkeit eines generalisierten Elterntrainings stünde diese Forderung im offenen Gegensatz zum Grundgesetz der Bundesrepublik Deutschland, Artikel 6 (Ehe, Familie, uneheliche Kinder) Absatz 2:

> *"Pflege und Erziehung der Kinder sind das natürliche Recht der Eltern und die zuvörderst ihnen obliegende Pflicht. [...]".*

Als Vater, als Mutter kann ich durchaus schon einmal an der einen oder anderen Stelle ins "Gehedder" oder sogar in Zank mit der Schule kommen, und zwar sofern dort offenkundig pädagogisch fragwürdig und ohne einen bestimmten Auftrag vorgegangen worden ist. Zuweilen kann die Institution Schule mich als Vater, als Mutter dabei durchaus in die unangenehme Lage bringen, dass ich elterlicherseits etwas für unpädagogisch, ja für falsch erachte. Was dann? Dann kommt noch ein anderer Aspekt auf mich hinzu, welcher lautet: "Mein Kind muss das letztendlich austragen". Es wird nachher womöglich gehänselt, weil es etwa an der einen oder anderen Aktion nicht teilnimmt. Verstärkt wird das Ganze noch dadurch, dass die Lehrkraft verärgert ist, über uns als Eltern, welche ihre "wundervolle Idee" nicht unterstützen wollen. In so einem Fall bliebe es nicht erspart, die Konsequenzen zu ziehen und auf lange Sicht eine andere Schule fürs Kind zu wählen.

Dies muss in erster Linie mit dem Kind abgesprochen werden. Sofern es trotzdem auf seiner alten Schule bleiben möchte, weil dort die Freunde X Y Z sind und das Kind im Grunde den Wechsel nicht will, gibt es nur noch die Möglichkeit des Wartens, was bereits mehrfach an anderen Stellen unter dem Stichwort GEDULD beschrieben worden ist.

SMARTPHONE – VON "ALWAYS-ON" ZU " ALWAYS-IN-TOUCH"

Fangen wir hierzu einmal mit dem Erwachsenen an, nicht mit dem Kind. Der Erwachsene ist der Überzeugung, er müsse jederzeit erreichbar sein. Deshalb dieser Apparat. Er muss jeder Zeit in der Lage sein, die eine oder andere Information zu senden oder zu empfangen. Dies führt letztendlich zu einer Gängelung seiner Persönlichkeit. Warum? Gängelnd ist es deshalb, weil er sich abhängig macht von äußeren medialen Einwirkungen: "jederzeit", "an jedem Ort", und eine Entpersönlichung, weil er darüber nicht mehr frei über seine individuelle Zeit verfügen kann. Wenn es klingelt, ist er gefordert sich zu melden. Wenn er es nicht tut, dann muss er es später machen. Also, er wird gegängelt in seiner freien Entscheidung über das, was er mit seiner Zeit machen will.

Diese Entwicklung zur "Ent-Persönlichung", der verlorenen "Selbstbestimmung über den Ablauf des Tages" bringt ihn nicht nur um die Fähigkeit sein Leben selbst zu gestalten, sondern er wird wie ein Sklave behandelt in der einerseits erwarteten wie andererseits gegebenen Verfügbarkeit. Beides bedingt sich gegenseitig. Das heißt, aus dem freien Menschen wird ein unfreier. So viel zu dem Erwachsenen.

Kommen wir jetzt zu den Kindern. Die Kinder sind der Überzeugung, dass sie den Apparat von ihren Eltern bekommen haben, damit sie einerseits damit spielen können – jedes Kind will spielen, ein Naturtrieb – und zweitens Mutter und Vater haben mich dann ja immer am "Gängelband bzw. an der virtuellen Strippe". Und zwar permanent! Auch dem Kind wird damit die ihm gemäße Freiheit der Selbstverfügbarkeit genommen.

Und es wird das natürliche Vertrauen der Eltern unterlaufen, welches sie in natürlicher Weise in das Kind setzen, damit dieses zusehends in der Lage ist bzw. sein wird, die eigene Freiheit selbstbestimmt zu nutzen.

PHANTASIE UND TRAUMWELTEN

Auf das Kind bezogen haben wir im Zusammenhang mit einem übermäßigen medialen Umgang bereits gesagt "Phantasie wird tot gemacht", aber wir haben noch nicht gesagt, was es bedeutet, wenn man einem Kind die Phantasie wegnimmt.

Ein kleines Kind kann sich mit Papierfetzen oder Ähnlichem eine Welt aufbauen. Dazu braucht es zunächst keine "Legosteine"[11], welche zweifelsohne ihren guten Zweck erfüllen und helfen können. Dies wird nicht bestritten. Aber zur Entwicklung der Phantasiewelt werden sie zunächst nicht gebraucht. Das Kind wird sonst behindert sich seine Welt der Phantasie selbst zu schaffen und aufzubauen.

Es soll an dieser Stelle nicht tiefer über Traum und Träume nachgedacht werden, aber es ist an dieser Stelle wichtig darauf hinzuweisen, dass Traumwelten notwendig sind. Sofern Traumwelten überhaupt nicht mehr auftreten, gehen wir davon aus, dass der Mensch seines "inneren Daseins" verlustig wird; es ist etwas, was zu ihm gehört. Was haben wir als junge Menschen nicht alles geträumt, wie etwa später den einen oder anderen Beruf ausüben zu können oder eine glückliche Ehe zu führen. Wir waren voller Träume. Traumwelten haben ihre Bedeutung für uns, für unsere Psyche. Sie sind notwendig, vor allem für das Kind.

---

[11] Das Wort "Legosteine" verwenden wir hierbei im metaphorischen Sinne fürs "pädagogisch" als sinnvoll erachtete Spielzeug.

MUTTER UND BERUFSTÄTIGKEIT

Die Mutter hat eine natürliche Bindung zum Kind und muss oder möchte in den Beruf zurück. Die Gründe können vielschichtig sein und sollen an dieser Stelle nicht thematisiert werden. Wir haben bereits an anderer Stelle deutlich gemacht, dass viel Zeit durch falsche Organisation verschenkt wird. Damit ist es so, dass die Klage "ich habe zur Erziehung meines Kindes keine Zeit, folglich muss ich delegieren" einfach falsch ist.

Dass jedoch etwa im Umgang mit den Medien viel Zeit zurückgeholt werden kann, ist hinreichend erörtert. Sofern der Vater (noch) da ist, kann er sich Zeit nehmen für die Erziehung seiner Kinder – sofern er nur will. Bei der Mutter liegt dies differenzierter, weil sie, sofern sie berufstätig ist, in der Regel über weniger Freiräume verfügt als der Vater. Manches Mal muss sie aus rein finanziellen Gründen gar an verschiedenen Stellen berufstätig sein, um das zu verdienen, was notwendig zum Leben ist.

Was der Erziehung jedoch trotz alledem zumeist entgegensteht, ist schlichtweg falsche Organisation am und während des Tages. Die natürliche Bindung zwischen Kind und Mutter ist nicht nur Privileg, sondern sie ist auch Aufgabe.

Es ist einfach falsch, dass suggeriert wird, der Berufstätige hätte keine Zeit mehr, und er müsse folglich delegieren. Dieses ist Schwarz-Weiß-Malerei. Es stimmt einfach nicht. Man kann beispielsweise bestimmte, notwendige Aufgaben an das Kind übertragen. Warum soll es beispielsweise nicht einkaufen dürfen? Warum soll es nicht den Mülleimer sauber machen? D. h., wenn man Familie als Familie will, zumindest eine Familie als Mutter und Kind oder Vater und Kind, sofern man dies grundsätzlich bejaht, findet man Zeitpolster, die beispielsweise dadurch gegeben sind, dass man das Kind so früh wie möglich in die Erwachsenenwelt hinein(er)zieht. Das Kind sollte durchaus wissen, "Mutter und Vater können mir nicht mehr Taschengeld geben oder können mir das oder jenes nicht kaufen, weil …". Dies dem Kind mitzuteilen und daraus die notwendigen Konsequenzen zu ziehen, wäre unserer Meinung nach völlig in Ordnung.

Wenn wir den Gesichtspunkt vertreten, das Kind soll "älter gemacht werden", dann muss es um die Sorgen und Nöte des Alltags der Eltern wissen.

Das "gleichberechtigte Familienmitglied", ab welcher Zeit beginnt das? Es beginnt immer *vor* der Pubertätsstufe, nicht während dieser Stufe und schon gar nicht erst danach. Ein gleichberechtigtes Familienmitglied hat bestimmte Aufgaben zu übernehmen, damit die Familie überlebt. Dies kann das Kind nur meistern, wenn Vater oder Mutter oder am besten Beide gegenwärtig sind.

Die Zunahme der Tätigkeit und das Einbringen der Frau im Wirtschaftsprozess ist etwas, was psychisch zwar notwendig ist, wirtschaftlich jedoch nicht. Davon haben wir bereits oben im Zusammenhang wirtschaftlicher Überlegungen und der Entwicklung der Arbeitsmärkte gesprochen. Psychologisch, psychisch und im Sinne der Emanzipation ist es selbstredend sinnvoll, dass die Frau wirtschaftlich in den Arbeitsprozess eingeschaltet ist, und zwar völlig gleichberechtigt. Wir denken hier nicht an die emanzipierte Frau in der Ehe, sondern wir sprechen hier ausdrücklich von der emanzipierten Frau im Wirtschaftsbereich. Diesen Prozess werden wir, obwohl die Arbeitslosigkeit weltweit zunimmt, nicht negieren können. Wir werden ihn höchstens – sofern gewollt – verhindern können. Ob so eine Sichtweise aus Sicht der Wirtschaft sinnvoll ist, möchten wir hier nicht diskutieren.

Wir sprechen hier entscheidend aus Sicht der notwendigen Erziehung des Kindes und der naturgegebenen Verantwortung gegenüber dem Kind in Verbindung mit seiner Erziehung.

Der Mann wird in Zukunft im Wirtschaftsbereich, in der Industrie nicht mehr die Positionen an sich binden und haben können wie vor 50 Jahren. Dies zeichnet sich recht klar ab. Setze ich dieses voraus, dann ist die Frau diejenige, die diese Kontroverse leisten muss. Auf der einen Seite hat sie gleichberechtigt einen Anspruch auf Positionen in der Wirtschaft nach der Geburt des ersten Kindes, womöglich auch noch nach der Geburt des zweiten.

Wie gesagt, notwendig vonseiten der Wirtschaft ist dies jedoch keinesfalls. Das zeigen alle jene Länder deutlich, welche jetzt bereits vor der Frage der Arbeitslosigkeit stehen. Dies ist ein Prozess, welcher keinesfalls so neu ist. Bereits im 19. Jahrhundert kämpfte man um Arbeitsplätze. Durch die Mechanisierung, den gezielten Nutzen von Wasserdampf, durch die Eisenbahn und Schwerindustrie fielen über Jahrzehnte immer mehr Arbeitsplätze weg. Das heißt, wir haben zukünftig weniger Arbeitsplätze zu erwarten als jemals zuvor – und zwar global. Durch das

Computerwesen und dessen Weiterentwicklung ist der Arbeitsmangel weiter vorgezeichnet.

Die erste, die darauf verzichten wird und muss, ist wiederum die sogenannt emanzipierte Frau. Das hängt einfach mit der Tatsache zusammen, dass das Verhältnis zwischen Vater und Kind naturgegeben ein anderes ist, als das Verhältnis zwischen Mutter und Kind. Die Frau als emanzipierte Frau hat es schwerer insgesamt, jetzt und in der Zukunft.

Die Jugend hingegen steht pauschal vor dem Problem: Wir werden nicht mehr gebraucht. Bewusst sei auch hier wieder "schwarz-weiß-gemalt". Und der Jugend ist darüber hinaus bewusst: Wir sollen dazu auch noch die Alten ernähren.

Dies ist eine bewusste Vereinfachung der eigentlichen Situation, *der Wirklichkeit*, in der wir gesellschaftlich und wirtschaftlich heute wie zukünftig leben. Und zwar nicht nur in Deutschland. Dies ist eine ziemlich düstere Perspektive.

Im Grunde gibt es nur eine Möglichkeit, um aus diesem "Hexenkessel" herauszukommen: Wir müssen zurück in unseren Ressourcen – und zwar insgesamt! Dies betrifft *alle* Anforderungen. Das ganze System, welches vom 18. bis zum 21. Jahrhundert hinauf aufgebaut worden ist, ist marode geworden.

"Zurück zur Natur" hat im Kern seiner Werke bereits Rousseau gesagt[12], und er wusste, warum er das sagte.

---

[12] "Zurück zur Natur" bzw. "Retour à la nature!", ist ein Zitat, welches ursächlich Jean-Jacques Rousseau (1712–1778) zugeschrieben wird, das jedoch in genau dieser Form in keiner sei-

Und zurück zur Natur bedeutet heutzutage insgesamt, die Lebensansprüche in allem zurückzuschrauben. Alles andere ist ökonomisch und ökologisch nicht haltbar bzw. alles andere ist eine Illusion.

Damit einhergehend ist, dass die Rollenverteilung, wie wir sie heute immer "noch" bei vielen Männern haben, nicht der Zukunft gehört bzw. nicht mehr der Zukunft gehören kann.

SCHUL-PARADOX

"Ich (G. Hoffmann) habe als Schulleiter einer jungen Schule aus unterschiedlichen Gründen wie beispielsweise Personalmangel, Raummangel teils die älteren Klassen die kleinen Klassen unterrichten lassen: Die 6. unterrichtet die 5. Klasse usw. Solche Vorstellungen kann man durchaus verwirklichen unter dem Gesichtspunkt: Kinder helfen Kindern.

Doch so etwas kann man auch institutionalisieren. Man kann beispielsweise im Laufe eines Jahres Oberstufenschüler dazu bringen, den 10. Klassen etwa bestimmte Bereiche, sei es der Musik oder anderes zu lehren und damit selbst lernend beizubringen. Bei dem Vorgang des Lehrens spielt sich ja immer

---

ner Schriften so zu finden ist. In den unterschiedlichsten Zitatensammlungen wird darauf verwiesen, dass diese Formel den Kern von Rousseaus politisch-theoretischer Schrift "*Du contrat social ou principes du droit politique*" (Vom Gesellschaftsvertrag oder Prinzipien des Staatsrechtes) und seines Romans "*Émile, ou De l'éducation*" (Emile oder über die Erziehung) beinhalte.

auch das Lernen, das "selbst Lernen" ab. Wenn gelehrt wird, hat man sein Gegenüber und man weiß, dass man vor dem Gegenüber bestimmte Bereiche besser kennt oder diese überhaupt kennt. Dieser natürliche Prozess des Lernen-Wollens aufseiten des Jugendlichen einerseits und des Lernen-Müssens andererseits aufseiten dessen, der daran ein Interesse hat, stellte sich oftmals intensiver als im Alltag des "normalen Schullebens" oder Unterrichts.

Ich habe immer wieder und lange darüber nachgedacht, ob man die Schülerschaft als solche nicht immer nur als Lernobjekt erfasst, sondern gleichzeitig auch als "Lehrkörper" mit einbeziehen sollte."

Schule und in besonderem Maße das Gymnasium begreift sich heute maßgeblich als ein Ort des Lehrens. Es wird unter maßgeblicher Berufung auf PISA[13] und dem so genannten "PISA-Schock" vor rund zehn Jahren, der daraufhin schrittweisen Einführung der so genannten Profiloberstufe auf den Gymnasium ab den Jahren 2004/05 sowie nicht zuletzt der Umwandlung der Schulzeit und -dauer auf den Gymnasien von G9 (neustufiges Gymnasium) auf G8 (achtstufiges Gymnasium) – im Volksmund auch "Turbo-Abi" genannt – der Unterricht "doziert".

In der Schule wird nicht mehr gelernt, sondern gelehrt. Kinder scheitern, wie bereits dargestellt, we-

---

[13] **PISA** ist das Akronym für "**P**rogramme for **I**nternational **S**tudent **A**ssessment" der **OECD** bzw. "**O**rganisation for **E**conomic **C**ooperation and **D**evelopment".

niger am Vermögen nicht zu lernen, also am Stoff, sondern sie scheitern vielmehr an den Lernformen und an den starren Strukturen der Institution Schule.

Natürlich ist es durchaus vorstellbar, nicht nur die Schüler als Lehrende institutionell in die Schule "mit einzubeziehen", sondern ebenso auch die Eltern. Wir denken dabei ans Beispiel Amerika und eine möglicherweise in elterlicher Weise abgewandelte Konzeption des amerikanischen Projekts "Teach for America", in Deutschland "Teach First"[14] genannt.

Wahrscheinlich wird es sogar auf lange Sicht aus rein finanziellen Gründen dazu kommen, dass wie in den Staaten auch, Eltern im "Lehrkörper" gewisse Aufgaben mit übernehmen.

Die Gründe eines möglichen Einbezugs der Eltern in Aufgaben und erzieherisch helfenden Funktionen in der Schule sollten jedoch maßgeblich pädagogisch sein, und nicht von vorrangig ökonomischen Interessen geleitet.

All die Fülle der Möglichkeiten, die wir ungenutzt lassen, ist immer größer als das, was wir wirklich nutzen.

---

[14] Teach First Deutschland ist eine von privater, wirtschaftlicher und politischer Einflussnahme unabhängige Initiative, um benachteiligte Schülerinnen und Schüler zu fördern. Gerechtere Bildungschancen – das ist die Vision von Teach First. Derzeit sind 78 sogenannte "Fellows" in Berlin, Hamburg, Nordrhein-Westfalen, Baden-Württemberg und Thüringen im Einsatz. Dabei handelt es sich um Hochschulabsolventen verschiedenster Fachrichtungen. Sie arbeiten an Sekundar- und Primarschulen und unterstützen als zusätzliche Lehrkräfte sozial benachteiligte Schüler. Online unter www.teachfirst.de.

Stichwort: die Alten. Innerhalb der letzten zwei Jahrzehnte entdeckt man zunehmend, was es für eine Gesellschaft bedeuten kann, sofern sie die Senioren wieder mehr in den Alltag der Werktätigen mit einbezieht, in den Alltag der Familien. Der Rückgriff aufs Alter war in der Großfamilie des 19. Jahrhunderts selbstverständlich. Die Alten wurden sofort mit eingesetzt, wenn "Not am Mann" war. Sie waren die selbstverständliche Feuerwehr und der Rückgriff des Bauern, der zu bestimmten Zeiten viele Arbeitskräfte brauchte.

Heutzutage haben wir diese natürlichen Bindungen maßgeblich institutionalisiert, sowohl für die Kinder als auch für die Alten. Die Institutionen heißen Kita oder so ähnlich auf der einen Seite und Altenheim oder Seniorenresidenz auf der anderen.

Die Umsorgung und Pflege Älterer ist weitgehend professionalisiert und sie ist – ökonomisch gesehen – teuer.

Punktuelle Wohngemeinschafts-Projekte zwischen Jung und Alt werden bereits an dem einen oder anderen Ort versucht. Grob vereinfacht ist dies die Wiederaufnahme dessen, was im 19. Jahrhundert Gang und Gäbe bzw. auf dem Lande Alltag war. Das Kind zu behüten war kein Problem, dies machten automatisch die Großeltern. Das Kind war immer umhütet und von Liebe umgeben und es hatte die "Nestwärme", damit es die Kräfte sammeln konnte, um im Leben später zu bestehen.

Wir haben oben über den weiteren Abbau und letztendlich den Schwund der Arbeitsplätze geschrieben und festgehalten, dass der Ruf nach Arbeit so intensiv werden wird, dass man die Ganztagsbeschäftigung wird irgendwie aufgeben müssen, weil nicht mehr genügend Arbeitsplätze aufgrund der Zunahme des gesamten Bereiches moderner Technik zur Verfügung stehen. Auf die Zukunft bezogen wird dies ein Prozess sein, der sich langsam global durch die ganze Menschheit ziehen wird. Dies passiert in unterschiedlichen Stufen, aber wir in der so genannten hoch zivilisierten Welt werden die Ersten sein, die den "Gürtel werden enger schnallen" und die Ressourcen wieder zurücknehmen müssen.

VATER, MUTTER, KIND UND SCHULE – ODER: ALLES IM PLAN

Die einzelnen Institutionen, die mit Kindern zu tun haben, stimmen sich untereinander nicht ab. Dies geschieht heute genauso wenig wie in der Vergangenheit auch. Nur waren in den vergangenen Jahren und Jahrzehnten die Eltern womöglich präsenter.

Das Kind heute bleibt damit eher auf der Strecke. Wenn der schulische Alltag heute nicht mehr am späten Mittag endet, sondern erst um 16 oder 17 Uhr, dann ist selbstverständlich die Folgerung zu ziehen, dass nicht mehr Hausaufgaben gestellt werden in Bereichen, die vorher nicht "beackert" wurden. Wenn die Schule sich stattdessen auch für Nachhilfe verpflichtet fühlt, dann kann nur gesagt werden: Ein größeres Armutszeugnis kann die Schule sich selbst gar nicht ausstellen, als zu behaupten, wir müssen von Forderungen ausgehen, die wir uns aufgrund des Lehrplanes stellen. Wenn das Kind das nicht erfüllt, dann muss es zusätzlich arbeiten, damit es das erfüllt.

Diese Zeit müssen wir jetzt als Eltern bezahlen und vor allem auch in den Tagesablauf des Kindes einfügen. Bei dieser Konstellation wird vergessen, dass das Kind ein Anrecht hat auf Freizeiten!

Wenn das Kind nicht mehr für sich spielen kann, ist in der ganzen Struktion, in den Anforderungen an das Kind, etwas grundlegend falsch.

Wir sprechen uns dafür aus, dass das Kind genügend Freizeit hat, um spielen zu können, und zwar nicht nur am Computer, sondern mit anderen Kindern. Auch ist es kein Ersatz, wenn sich zwei oder mehr Kinder über den Computer via Internet vernetzen und in einem gemeinsamen Spiel dort wieder finden. Diese Art von Spielen haben einen ganz anderen Stellenwert als das wirklich manuelle und miteinander ausgeübte Spiel. Da kommt kein Computer mit, denn die Kommunikation, welche im authentischen Spiel abläuft, ist eine "mitmenschliche" und im direkten Kontakt hervorgerufene.

Was in der Gänze der Schule und bezogen auf die nur wenige, übrig bleibende Restzeit abläuft, ist letztendlich ein "verplantes Kind" von der ersten bis zur letzten Tagesstunde. Das darf nicht sein! Dies läuft auf Stress hinaus. Auch wenn dies vielerorts bereits Alltag ist, dürfen wir diese Art von Alltag fürs Kind nicht zulassen.

Hier müssen Vater und Mutter eingreifen. Sie haben die elterliche Pflicht hier zu steuern. Sie können und dürfen nicht das Kind in den Stress hinein planen. Dies käme einem mutwilligen Verletzen des Kindes gleich. Wegucken geht nicht.

Wir möchten noch einmal von einer ganz anderen Seite her auf die derzeitige Schulsituation samt Lehrkanondiskussion eingehen, und zwar unter Bezugnahme auf einen recht aktuellen, im Jahre 2013 geschriebenen Zeitungsartikel: *Welche Bücher Hamburgs Abiturienten 2013 lesen müssen – Goethes 'Faust' ist kein Muss, Herrndorf wird gerne genommen, Regionales geht immer: Das ist der Kanon an Hamburgs Schulen im Jahr 2013.*"[15] Im Laufe des Artikels wird gefragt: "Wie viel Goethe braucht der Mensch?"

> "Diese Frage allein zeigt die ganze Unkenntnis dessen, was eigentlich sinnvoll in der Erziehung ist. Noch einmal sei es derb gesagt (G. Hoffmann): Wenn ich mich nur um diese Frage kümmere, wie viel Goethe etwa der Abiturient benötigt, dann verkenne ich, dass das Abitur ein "Reifezeugnis" auszustellen hat. Was aber hat "Reife" mit Goethe zu tun? "Reife" heißt, der junge Mensch ist so weit, dass er in der Erwachsenenwelt bestehen "könnte". Da kann es natürlich sein, dass ich als Germanist meine, der Abiturient müsse irgendwann eine Begegnung mit dem Schrifttum Goethes haben. Das halte ich für normal, sofern es sich dabei nicht um Auswendig-Lernen von Daten Goethes handelt: "wurde dann und dann geboren, dann war er Minister, das sind seine Werke und so fort". Das kann man alles vergessen und ist jederzeit im Lexi-

---

[15] Thomas Andre, SCHUL-KANON, Hamburger Abendblatt vom 23. Febr. 2013.

kon oder schnell zwischendurch in Wikipedia nachzulesen, sofern es benötigt wird. All das geht jedoch verloren. Entscheidend ist vielmehr das "Werkerlebnis". Das heißt, ich muss beispielsweise die Ballade "Erlkönig" oder "Egmont" oder von mir aus sogar "Faust" durch gemeinsame Interpretation mit den Schülern das Werk zum Erlebnis, "zum Leben" erwecken. Ich würde heutzutage, nachdem ich die Literatur mitverfolgt habe, davor warnen, dass man erneut zu einem Pflichtkanon zurückkommt.

Den "Pflichtkanon" sehe und sah ich als ein überstülptes Lehrgut, denn je nachdem, was ich als Germanist auf der gymnasialen Oberstufe für einen Kurs vor mir hatte, wählte ich aus nach der Situation, in der sich die Jugendlichen befanden, um das an Schriftgut an sie heranzubringen, was ihre Probleme erfasste und nicht, was sich im Lehrplan verankert hatte. Ich bin immer dafür gewesen, dass man bei der Auswahl der Lektüre von der Stufe, der Phase der Entwicklung der Kinder ausgeht. Was mir mein eigener Lehranleiter fürs Fach Deutsch einst gesagt hatte: "Wenn Sie das ein paar Mal gemacht haben, dann wissen Sie, wie der Hase läuft", war nie für mich erreichbar, zu keinem Zeitpunkt, weil ich immer vom Schüler ausgegangen bin. Ich hatte mir die Freiheit genommen, beispielsweise moderne Autoren auszuwählen, wegen der Problematik, die diese erfasst hatten, weil das "kitzelte", spannend und für die Kinder interessant war.

116

Als Pädagoge muss man dafür seine Klasse kennen. Die Vorgabe etwa bereits eine geraume Zeit vor dem Zentralabitur oder einem vorgeblichen Lehrplan "kuschen" zu müssen, geht schlichtweg an der Wirklichkeit vorbei.

Ein Zentralabitur, wo man so tut, als ob man alles über ein Level kehren könnte oder gar einen Lehrplan als festes Dogma hinzustellen, ist Illusion, welches an den Kindern in Flensburg-Süderup lebend genauso vorbeigeht wie an dem Kind in München-Straubing oder in Berlin-Wedding oder Kreuzberg, in Hamburg-Wandsbek oder Blankenese. Die Situation ist überall eine andere. Wenn schulisch an dieser Wirklichkeit vorbei gesteuert wird, sind wir Utopisten. Durchaus kann man bestrebt sein, dass das eine nicht zu weit von dem anderen auseinander geht, aber überwinden kann man die Unterschiedlichkeit nie. Infolgedessen kann nur von dem Potenzial ausgegangen werden, welches in den einzelnen Stadtteilen und verschiedenen Regionen vorhanden ist. Die Vorstellung, wir machen alles zentral, ist und bleibt eine Utopie, welche in Phasen von Dekaden immer wieder auftritt und entsprechend aktuell wieder aufgetreten ist."

So wie beispielsweise in Hamburg der späten sechziger Jahre die behördliche Vorstellung aufkam, alle Gymnasien müssten die gleichen Unterrichtsinhalte haben, ja alles müsste einheitlich sein, ist heute einerseits eine bundesweite Zentralisierung angestrebt. Andererseits wird gleichzeitig die Auffassung vertreten, dass jede Schule nach Möglichkeit ihr "eigenes

Profil" haben sollte, wofür meistens wirtschaftliche Gründe bzw. der Wettbewerb um Schüler(zahlen), ein attraktiver Lehrerschlüssel – wonach den einzelnen Schulen unter Bezug auf die an einer Schule angemeldeten Schüler ein zahlenmäßig bestimmtes Kontingent an Lehrkräften zugeordnet wird –, sowie weiteres mehr verantwortlich gemacht werden muss. Ausdrücklich beim Namen genannt wird dies selten. Es wiederholt sich im Grunde immer wieder das Gleiche bzw. der gleiche "Unsinn".

Jeder Mensch hat ein eigenes Innenleben, ein eigenes äußeres Leben und er ist keine Maschine. Entsprechend kann man von den Institutionen nicht verlangen, welche vorgeblich nur den Rahmen vorgeben, um darüber Hilfen anbieten zu können, dass diese Hilfsmöglichkeiten nun völlig anders geartet sein sollten. Es sollen also möglichst alle gleich, möglichst konform und bestens durchgeregelt werden. Doch der Mensch ist genau das eben nicht. So etwas geht an der Wirklichkeit vorbei.

Einem womöglich darüber aufgebrachten Pädagogen, sprich Lehrer, der konstatiert: "Ich kann dies und das nicht erreichen", möchten wir zurufen: "Na und, davon geht die Welt nicht unter", ganz im Gegenteil, hier erfolgt nur die Begegnung mit Wirklichkeit. Es ist vielmehr entscheidend, ob und dass der Klasse so viel herangebracht worden ist wie irgend möglich. Wenn von der Klasse ausgegangen worden ist, liegt der Pädagoge so gut wie immer richtig, d. h. er kann im Grunde gar nicht falsch liegen. Wenn vom Lehrplan ausgegangen worden ist, wird man feststellen müssen, dass man diesen nie erreichen wird. Der ist im Prinzip bereits veraltet, wenn er gedruckt ist.

Die Schule als Institution ist genau genommen ein Theorem. Die Schule wird gestaltet durch einerseits die derzeitige Schülerschaft, andererseits die derzeitige Lehrerschaft, inklusive der Direktion. Je nach Person und Persönlichkeit "steuert" jener Schulleiter entweder oder lässt die Sachen laufen: möglichst "keinen Krach, keine Unruhe", lieber ein Lavieren. Beides sind Möglichkeiten.

Man muss sich jedoch bewusst machen, dass die Träger der Schule stets und immer "der Zeit" verhaftet sind, und zwar sowohl, was die Kinder anbetrifft als auch die Lehrerschaft. Keine einzige Schule kann arbeiten, wenn sie nur nach bestimmten, vorgegebenen Konzepten vorgeht. Eine Schule ist zwangsläufig immer davon abhängig, wie dieses Zusammenspiel zwischen Kind respektive Schüler und Lehrer funktioniert. In einem Kollegium wird es immer Lehrer geben, die ihre Aufgabe so leisten, dass man sagen kann, da ist jemand mit Herz und Verstand dabei – und zwar genau in dieser Reihenfolge! Anderseits gibt es immer auch die, die das "Brett an der dünnsten Stelle durchschneiden". Und es gibt immer auch welche mit utopischen Vorstellungen, was die Erziehung betrifft – sei es antiautoritär oder im anderen Extrem autoritär.

AUTORITÄR | ANTIAUTORITÄR

Wenn Eltern ausschließlich autoritär erziehen würden, bliebe das Kind mit Sicherheit "auf der Strecke". Es wäre versklavt. Der Schritt bis hin zur Prügelstrafe wäre nur noch ein kleiner. In der anderen Richtung macht man genau das Gegenteil davon und lässt alles laufen. Und auch hier hat das Kind keine Hilfe. Der Weg dazwischen ist der alleinig richtige, doch dieser Weg kann niemals starr sein. Dieser Mittelweg ist immer am schwersten. Immer wird man sich entweder dem Vorwurf aussetzen, man tue zu wenig (man habe eine zu "LANGE LEINE") oder aber dem Vorwurf man tue zu viel (man habe eine zu "kurze Leine").

Doch es bedarf fürs Kind und später in anderer Form auch für den Jugendlichen stets und ständig eines Austarierens zwischen diesen beiden Extremen. Bildlich gesehen geht es um ein "Laufen lassen an der langen Leine" – aber an der Leine. Das Kind läuft alleine, aber es ist an der Leine, wenn auch einer langen. Diese Leine lässt sich jederzeit einholen und sie hat andernfalls "genügend Schnur".

Um jetzt in der gegebenen Situation das Richtige zu tun, bedarf es des "OHRES AN DER WAND". Nur dann ist man in der Lage, über die in der Hand behaltene Länge der Leine erzieherisch und damit fürs Kind auf seinem eigenen Weg zum "Erwachsen werden", zu seiner Reife elterlich richtig und damit zuweilen auch mutig fürs Kind zu entscheiden. Für diese Erziehung braucht man natürlich vor allem eines, und das ist "Zeit". Erneut gefragt ist die bereits viel besagte "GEDULD".

WER A SAGT, MUSS AUCH B SAGEN

Hier wird für sich und vor sich selbst viel "Theater gespielt". Natürlich hat der Vater, wenn er nach einem langen Arbeitstag nach Hause kommt, sozusagen ein Anrecht, um "alle Viere von sich zu strecken". Natürlich hat die Mutter, wenn sie nach einem langen Arbeitstag nach Hause kommt, sozusagen ein Anrecht um "alle Viere von sich zu strecken". Nur, er hat dies nicht als Vater! Nur, sie hat dies nicht als Mutter!

Als Mann, Ehemann, muss er selbst wissen, was er seiner Ehefrau, respektive der Lebensgefährtin, mit welcher er zusammenlebt, zu verantworten hat. Als Ehefrau gilt umgekehrt das Gleiche. Sobald er bzw. sie aber Verantwortung für ein Kind trägt, auch dann, wenn es das Adoptivkind sein sollte, sieht dies völlig anders aus. Hier muss klar erkannt und entsprechend deutlich gemacht werden, dass man nicht das eine wollen und gleichzeitig das andere nicht wollen kann. Wenn er oder sie zu dem Kind, was durch Schicksal oder durch eigenen Willen verursacht ist, die Verantwortung ablehnt, dann hat das Kind den Schaden davon. Wer A sagt, MUSS B sagen.

Wenn B gesagt wird, dann hat er, respektive sie, auch "die Zeit". Dann wird nicht in beharrender Regelmäßigkeit in den Flachbildschirm von 42 Zoll oder größer, das Bier oder Glas Wein geguckt und es wird auch nicht in die Coffee-Shops und Fitness-Studios gängiger Ketten gegangen, sondern es wird sich um das Kind gekümmert. Auch wenn es abends um 21 Uhr ist und das Kind noch wach sein sollte, kann er bzw. sie zumindest nochmals ans Bett gehen, um im Mindestmaß das Kind zu streicheln. Dies empfindet das Kind sofort als Hilfe und Schutz.

Der Trugvorstellung – es gäbe keine Zeit – muss in aller Klarheit widersprochen werden. Wir denken hierbei ausdrücklich nicht an extreme berufliche Belastungen, sowie durch Krankheit und mannigfache familiäre Anforderungen gegebenen Ausnahmesituationen. Ausnahmen sind expressis verbis "Ausnahmen"! Wir sprechen hier ausdrücklich von der Regel.

Es ist Theaterspiel von wegen, es sei die Zeit nicht vorhanden. Sie ist da! Es liegt maßgeblich an der Organisation, die Freiräume einerseits zu schaffen und andererseits diese Freiräume fürs und/oder mit dem Kind auch zu nutzen.

Ein Kind, das von morgens früh bis abends spät in Kitas verbringen muss, ist ein "weggegebenes Kind" an den Staat und seitens der Eltern, des Vaters, der Mutter ein Weggeben des Kindes "samt der Verantwortung" an den Staat, an Leute, welche ich kaum kenne, die oft in Teilzeit bzw. alternierend in Schichten arbeiten und nur in Zeitphasen das Kind betreuen.

Das ist verantwortungslos gegenüber dem Kind. Es sei nochmals gesagt: Wer A sagt, MUSS auch B sagen. Wenn ich Ja sage zum Kind, dann muss ich auch alle Verantwortung übernehmen wollen, die für das Kind notwendig ist. Dann habe ich auch das Kind so zu führen, dass es nicht "pausenlos verplant" ist. Dann habe ich dafür zu sorgen, dass es zu Zeiten, die kindgemäß sind, Zeit des Spiels bzw. seine Freizeit hat und d. h., wirklich seine "freie Zeit" hat.

Hier geschieht viel Versäumnis und zwar nicht auf Seiten des Staates, sondern auf Seiten der wirklichen Eltern oder auch der gewollten Eltern, welche Kinder für sich akzeptiert haben aus den unterschiedlichsten Gründen, sei es, dass der Partner Kinder ins Zusammenleben mitgebracht hat, "gepatchworkt" wird oder in Freiwilligkeit eine Adoption angenommen worden ist, gleich ob in Hetero- oder Homobeziehung[16]. Dies alles mag funktionieren, wenn immer auch B gesagt ist. Doch genau das ist das Problem.

Dieses B-Sagen fällt schwer, weil es mit einem Abstrich an der mir zur Verfügung stehenden Zeit verbunden ist. Doch für die Eltern, für den Vater, die Mutter gilt: Ich muss die Zeit gestalten! Nicht der Arbeitgeber und auch nicht irgendwelche sonstigen Kräfte. ICH MUSS ES SELBST TUN!

Von der Seite aus ist es durchaus vorstellbar, dass die gewählte Art des Zusammenlebens am guten Willen liegt, dies B-Sagen zu beherrschen. Der "selbstwillige Mensch" ist gefordert. Sofern er diesen Willen delegiert, aufgibt, dann ist er selbst der Schuldige, welcher FALSCH HANDELT. Er kann dann nicht mehr sagen, der oder die hat da Schuld, weil dies einfach falsch ist. Wenn der normale Mensch normal denkt, dann kann er auch von A bis B denken. Dann weiß er, was er will. Er bestimmt über sein Leben und nicht der Staat.

Sobald akzeptiert wird, dass das Kind des Partners auch das "eigene" Kind ist, dann ist sofort das besagte B gefordert und nicht der Staat. Dem Staat können dabei keinerlei Vorwürfe gemacht werden. Er kennt die Not, welche da vorhanden ist: Phlegma, Abwimmeln von Schwierigkeiten, nicht zu Erkennen, dass

---

[16] In Deutschland gibt es (Stand 2013) rund 34.000 homosexuelle Paare, die offiziell in einer Paarbeziehung leben; davon sind 23.000 als Lebenspartnerschaften eingetragen. Dem gegenüber lassen sich 22 Millionen Ehen zählen.

man Verantwortung tragen muss im Leben und weiteres mehr.

Der Staat handelt und muss handeln, wenn nach seiner Auffassung die Notwendigkeit gegeben ist einzugreifen. Es gibt aber auch den anderen Staat, der vorher eingreift. In totalitären Staaten ist das Usus.

Sofern der Staat eingreift, meistens mit finanziellen Mitteln oder durch eigene Institutionen, ist es allerdings immer "ein Flicken", nicht eine wirkliche Konzeption, die den jungen Bürger, in unserem Fall das Kind, zu einem "freien Bürger" machen will. Immer folgt daraus der Gedanke, wenn ich etwas hineingebe, habe ich auch ein Anspruchsrecht.

Sobald dieses Anspruchsrecht da ist, läuft es sowieso "schief". In fast allen demokratischen Staaten wird im Schulwesen mehr oder weniger nur geflickt, d. h. wo Risse sich zeigen, wird der Riss beseitigt, um damit in der Wahlperiode überleben und in der nächsten Periode nach Möglichkeit noch bestehen zu können. Dieser Flickenteppich bringt nicht innerlich voran. Er bringt nicht dem nach Freiheit und der Persönlichkeit strebenden Bürger das Recht auf einen Staat, der nur so weit staatlich eingreift wie notwendig, damit Ruhe und Frieden im Lande ist.

Natürlich wird im Staate die Polizei gebraucht, natürlich die Gerichtsbarkeit, es besteht darüber keinerlei Zweifel. Inwieweit jedoch das staatliche Schulwesen in dieser Form "notwendig" ist, zeigen uns die Schulen, die die sich auftuenden Lücken schließen, welche der Staat vorgeblich nicht schließen kann.

Beispielsweise versuchen dies die sogenannten "Rudolf Steiner Schulen" oder teils sogar die bis ins Sektenhafte geführten Privatschulen. Der Anteil der privaten Schulen nimmt zu – das ist ebenso gut wie wichtig. Je mehr private Schulträger wir haben, denn diese sagen ja immer ein Nein zu dem, was der Staat in die Wege geleitet hat, sind diese für sich schon einmal ein Gewinn.

Dies "Nein-Sagen" und – das ist aber dabei entscheidend und wichtig – *gleichzeitig* dagegen etwas zu setzen, hat immer den Vorteil, das nachgedacht wird, zum Beispiel über die Aufgabe der Erziehung oder über das Versetzungsprinzip und so fort. Beides sind Dinge über die Rudolf Steiner vor bereits gut 100 Jahren schon nachgedacht hatte bzw. es ist beides etwas, was er anders oder eben so nicht wollte.

Jetzt kommen wir aktuell in Hamburg und einigen anderen Bundesländern dahin, dass das Versetzungsprinzip abgeschafft werden sollte und bemerken gleichzeitig, dass das ja auch noch billiger ist. Man sieht auch hier, wie da sich etwas hineinschleicht, was mit dem Erziehungsgedanken ganz und gar nichts zu tun hat. Es ist die Frage nach dem: Was kostet das?

Wenn nach außen hin ausschließlich pädagogisch argumentiert wird, kommt das einem Theaterspiel gleich, in dem aus Gründen von Parteiloyalität und dem Wunsch, gewählt und wiedergewählt zu werden, ein Egoismus zum leitenden Gedanken wird. Menschlich verständlich, im Ergebnis aber grundfalsch. Es hat mit Pädagogik aber auch gar nichts zu tun!

IDEALISMUS OHNE ILLUSION UND REALISMUS OHNE RESIGNATION

So wie wir keine Ideallehrerschaft haben, so haben wir auch keine ideale Elternschaft. Es sind alles Menschen. Vielerlei Entwicklungen auf beiden Seiten in Bezug auf die Einstellung der Eltern zur Schule wie der Lehrerschaft gegenüber der Elternschaft müssen als Wirklichkeit gesehen, aber nicht als zwangsläufig gegeben hingenommen werden.

"Vorstellungen, dass es eine Idealschule geben sollte, sind ideal. Diese gibt es nicht. So sicher wie ich mir als Schulleiter (G. Hoffmann) war, dass ich mich über Lehrpläne hinwegsetzen musste – nicht, weil ich Spaß daran hatte –, sondern weil ich wusste, dass das Utopie ist, nicht der Wirklichkeit entsprechend, weil ich andere Kinder vor mir hatte, als die Schulbehörde annahm.

Was soll denn anders gemacht werden? Ich kann doch die Kinder nicht so lange "austauschen" bis ich Kinder habe, die dem Lehrplan entsprechen. Und was ist jedoch, wenn ein Lehrer sich förmlich an dem Lehrplan "festhält", darauf beharrt, dass dies oder das da oder dort steht, was ist dann zu machen? Und was ist zu machen, wenn die Klasse darauf auf "Biegen und Brechen" nicht mitmacht, sich nicht in den Lehrplan zwängen lässt?

Der Wirklichkeit nahe und nicht dem Lehrplan nahe hat die Entscheidung fürs Wohl der Kinder zu sein.

Es führt kein Weg daran vorbei, einem Lehrer, welcher der Utopie anhängt, dass er den Lehrplan zu erfüllen hätte, elterlicherseits zu sagen: aber nicht über die "Leichen der Kinder"! Um es derb auszudrücken.

Es sind Grenzen gegeben durch die Tatsache, dass ich unterschiedlich begabte Kinder in meiner Klasse habe. Ich kann folglich überhaupt nicht anders als zu überlegen, nach wem richte ich mich aus. Richte ich mich an dem aus, der das sozusagen mit links schafft oder an dem, der mühsam das Problem überhaupt erfasst, gestehe denn zu Lösungen fähig ist?

Genau dies ist die Spanne, in der ich als Lehrer laufend stehe und ich persönlich als Schulleiter eines Gymnasiums über viele Jahre gestanden habe. Und es kann nur immer wieder wiederholt werden: Dieser Wirklichkeit muss ich entsprechen.

Ich muss dem, der "mehr Nahrung" vertragen kann bzw. haben muss, damit er nicht auf "dumme Gedanken" kommt und das Arbeiten nachlässt, weil er den Lernstoff- oder auftrag längst begriffen hat, anders "anfassen", als den, der das mühsam begreift. Ich muss genau dieser Wirklichkeit entsprechen. Und wie sieht diese aus?

Die sieht so aus, dass ich dem besten Schüler "genug Futter gebe" und dem schwächsten Hilfe leiste. Das führt zu dem, was bereits im 19. Jahrhundert erstmals praktiziert wurde, gemeint ist der im konkreten Alltag differenzierte Unterricht – wie immer auch dieser dem

Kinde und Schüler gemäß organisiert ist: Binnendifferenzierung oder Außendifferenzierung und so fort. Es gibt viele Differenzierungsmöglichkeiten.

Der Frontalunterricht kann zu Zeiten Anwendung finden, wo ich beispielsweise aufgrund der Abiturforderungen in der Oberstufe nicht anders kann, sozusagen als "Ersatzkolleg". Diese Unterrichtsform ist immer nur punktuell anwendbar und der Reflex aufs "Frontale" muss eingearbeitet werden. Es kann nicht laufend doziert werden nach dem Motto: "Friss, entweder du hast es erfasst oder nicht – ich habe meine Pflicht getan". So etwas ist keine Erziehung zur Arbeitshaltung des Schülers."

Was exemplarisch fürs Bildungssystem aktuell in Hamburg abläuft wie in anderen Bundesländern auch, macht durchaus Sorgen, große Sorgen sogar. Einerseits ist die Tendenz richtig, wie beispielsweise das Versetzungsprinzip aufzuheben. Wer will da schon gegen "wettern"? Nur, wie wird jetzt den Kindern geholfen, dass sie nach Aufhebung des Versetzungsprinzips innerhalb des Klassenverbandes Schritt halten können? Organisierte Nachhilfe? Man schiebt nur ein Problem weg und hat das nächste bereits da.

"In den Jahren unter Frau Erna Stahl[17] habe ich (G. Hoffmann) im sogenannten "Schulver-

---

[17] Erna Stahl (1900–1980) war eine deutsche Reformpädagogin; sie gehörte zum Umfeld der Weißen Rose Hamburg. Ihre eigentliche Lehrtätigkeit begann 1930 an der reformpädagogisch

such" des Albert Schweitzer-Gymnasiums erlebt, wie das Positive wahrzunehmen war
durch die Erleichterung, die einfach dadurch
eintritt, dass die Eltern wissen, das Kind bleibt
von der ersten bis zur zehnten Klasse fest im
Klassenverband. Wir haben keine Sorge,
kommt es mit oder nicht: Es kommt mit.

Nur damit ist das Problem nicht gelöst, sondern jetzt dreht es sich, wie schaffe ich es als
Lehrer eine Binnendifferenzierung einzuführen, sodass ich das schwächste Mitglied "mitkriege" wie dem klügsten Mitglied genug
"Futter geben kann". Das Nichtversetzungsprinzip setzt sehr "clevere" Lehrer, einen klugen Unterricht und eine bis ins Letzte durch-

---

ausgerichteten Lichtwarkschule (heute: Heinrich-Hertz-Schule)
in Hamburg-Winterhude. Mit "ihrer ersten Sexta" blieb Erna
Stahl zeitlebens in einer besonderen Verbindung. Eine Zeit
lang war sie die Deutschlehrerin von Helmut und Loki
Schmidt. Ende 1943 wurde sie von der Gestapo verhaftet und
in Hamburg inhaftiert. Vorgeworfen wurden ihr Vorbereitung
zum Hochverrat, Feindbegünstigung, Wehrkraftzersetzung,
Rundfunkverbrechen und planmäßige Verseuchung der Jugend.
Angesichts dessen musste Erna Stahl mit der Todesstrafe rechnen. Nach dem Kriege erwirkte sie ein bereits 1946 beantragtes
und Ende 1949 genehmigtes Schulprojekt, das vorsah, innerhalb der Oberschule einen "Schulversuch" (mit der Möglichkeit eines Volks- bzw. Mittelschulabschlusses) einzurichten. In
Hamburg wurde darüber die erste frühe Form einer kooperativen Gesamtschule geschaffen. Inhaltlich bestand eine "ganzheitliche", musische und soziale Ausrichtung, die insbesondere
im "Schulversuch" eine eigenständige Anverwandlung von
Elementen der Reformpädagogik in der Lichtwarkschule mit
denen der Waldorfpädagogik – bei dezidiert christlicher Orientierung – erkennen ließ. Persönlich grenzte Erna Stahl sich jedoch von einer Zuordnung als Anthroposophin ab.

dachte Pädagogik voraus, sonst scheitert es. Es scheitert äußerlich gesehen wie innerlich auch.

Ich bin sicher, dass Hamburg die ganze Integration wieder abschafft, sobald nämlich die Regierungspartei wieder wechseln sollte. Die armen Kinder: Immer wieder, immer wieder sind sie die wahren Leidtragenden! Sie müssen es ausbaden, wenn immer wieder das Ruder herumgeworfen wird.

Der Integrationsgedanke, wonach das schwächste Mitglied der Klasse durch die anderen so gefördert wird, dass es besser ist, in diesem Verband zu leben und zu arbeiten als unter seinesgleichen, ist verlockend und pädagogisch richtig, aber er setzt sehr viel Kenntnis an Verfahrensweisen der Integration voraus. An dieser Kenntnis mangelt es jedoch. Diese wird in der Ausbildung den Lehrern nicht beigebracht. Theoretisch wird den jungen Lehrern vieles beigebracht, wo man mit Fug und Recht sagen kann: "Das vergisst du am besten wieder". Weil es der Wirklichkeit nicht entspricht. Es ist in Vielem ein abstraktes und kein praktisches Anleiten.

Hinzu kommt noch folgendes Moment: Durch die Medien, so auch die sogenannt modernen Schulmedien, wird das Kind oftmals daran gehindert, wirklich zu lernen. Gemeint ist das Lernen im eigentlichen Sinne. Der Lernprozess selbst ist ein hoch differenzierter Vorgang: Das Kind erfährt Neues. Jetzt wird von dem Kind erwartet, dass es das Neue aufnimmt. Aufnehmen bedeutet im wahrsten Sinne des Wortes "Auf-Nehmen". Es bedeutet, dass es das Neue sieht, es betastet, "schmeckt" von mir aus, mit allen Möglichkeiten, die die Aufnahme erleichtern. Und diese Vorgänge sind schon von Kind zu Kind unterschiedlich.

Das eine Kind kann zum Beispiel besser lernen, wenn es einen Text vor sich liegen hat. Dann hat es etwas sozusagen "schwarz-auf-weiß". Die visuale und visuelle Fähigkeit der Kinder ist unterschiedlich.

Es könnte jetzt alles "aufgebröselt" werden, was mit der Aufnahme eines neuen Lehrstoffes im Kind vorgeht. Das ist ein individueller Prozess, der erwarten lässt, dass das Kind das behält, was es aufnehmen, behalten, festhalten, also besitzen soll. Das Aufnehmen, bis hin zum Festhalten und Besitzen ist ein komplexer Vorgang. Dieser gesamte Lernprozess spielt sich aber in nur wenigen Minuten ab.

Wieder ist beim Schüler, wie beim Lehrer auch, die Anfangssituation fürs Lernen die beste. Am Ende einer Stunde tritt auf beiden Seiten, beim Lehrer wie beim Schüler, eine Erlahmung ein, sowohl in der Aufnahmefähigkeit, der Verarbeitung als auch des Besitzes. Es ist die Arbeitsweise folglich so zu gestalten, dass ich bewusst als Lehrer diese Erlahmung der Aufnahmefähigkeit in die Planung des Unterrichts mit einbeziehen muss. Das heißt, am Anfang muss ich "Futter geben", um es bildlich auszudrücken. Hierfür muss ich also die Chance der Stunde nutzen.

Die Chance fürs "Füttern" liegt am Anfang. Am Ende muss das Üben erfolgen, und zwar noch im Unterricht. Dieses Üben ist so zu gestalten, dass jetzt derjenige mithilft, der die Inhalte sofort in der ersten oder zweiten Minute erfasst hat. Das Miteinander der Kinder bewirkt, dass der Lehrer am Ende einer Stunde sich tatsächlich zurückziehen kann, um nun mit der Abnahme der Aufnahmefähigkeit der Kinder das Lernen, das Wiederholen, das Reproduzieren in den Vordergrund zu rücken.

Wenn ich dabei an die Unterhaltungen mit den Referendaren zurückdenke, kommt mir immer ein Einwurf in Erinnerung, der auf Seiten des Referendars lautete: "Da brauche ich eine Unmenge an Vorbereitung". Und dazu sage ich: "Ja. Sie brauchen die Zeit am Nachmittag und am Abend in ihrem Arbeitszimmer, in Ruhe sich zu überlegen: Wie gehe ich mit dem Stoff vor. Die Brocken, die schwer sind, gehören an den Anfang. Zeit genug ist am Ende einzuplanen, um die Brocken zu schlucken. Dies gilt vor allem für den, der es sehr schwer hat. Das muss das Grundmodell einer Stunde sein. Ansonsten gibt es keine Ernte."

Jede Stunde ist ein Unikat. So wie jedes Kind ein Unikat ist. Wenn die Ganztagsschule, die zurzeit angestrebt wird in der gesamten Bundesrepublik, sinnvoll genutzt wird, muss sie einerseits Unterricht und andererseits Spielen ermöglichen. Es geht nicht an, dass das Kind wie ein Erwachsener verplant wird, und zwar von morgens acht bis etwa 16 oder 17 oder sogar 18 Uhr. Das ist ein Unding. Man "versklavt" das Kind. Man versklavt es, weil es um seine schönste Zeit gebracht wird, nämlich die Zeit, in der es noch kein Erwachsener sein muss und um die Zeit, in der es Kind sein darf. Rudolf Steiner[18] hat mit einflussreichen Anregungen und in seiner spezifischen Pädagogik (heute unter dem Begriff Waldorfpädagogik bekannt) mit der Vorstellung Recht, dass die einzelnen Phasen ausgelebt werden müssen. Jede Phase hat ihren Wert. Und wenn die eine oder andere Phase vernachlässigt wird, irgendeine in der Entwicklung – körperlich, geistig, seelisch –, dann wird am Kinde, am jungen Menschen Raubbau betrieben. Das ist nicht wieder rückgängig zu machen. Es fehlt nachher an seelischen Kräften.

"Seelische Kräfte", wo kommen die her? Die kommen eben nicht aus dem Intellekt, nicht aus der Körperlichkeit. Seele gehört zur Seele, und wo keine Seele ist, da kann nichts Seelisches wachsen. Wenn ich seelische Kräfte stärken will, um dem Kind "Rüstzeug" zu geben, um bei denkbaren Schicksalsschlägen Stand halten zu können, dem Leben positiv gegenüber zu stehen, müssen die Eltern in den Erziehungsvorgang voll eingeschaltet sein. Der Zugang zur Seele des Kindes kann nur dort stattfinden, wo Liebe herrscht. Anders geht es nicht.

---

[18] Rudolf Steiner (1861–1925) gilt als Begründer der Anthroposophie. Auf Grundlage seiner Lehre gab er zahlreiche Anregungen für verschiedene Lebensbereiche wie etwa Pädagogik (Waldorfpädagogik), Kunst (Eurythmie und anthroposophische Architektur), Medizin (anthroposophische Medizin) und Religion.

MIT MEDIEN KOMPETENT

Unter dem Gesichtspunkt des bewussten ÄLTER-MACHENS muss ich im Elternhaus, in der Familie, Gespräche genau darüber führen. Wir wollen dies am Beispiel "Familien-Tisch" darstellen.

Wir können nicht verstehen, warum beispielsweise nicht eine gegenseitige Vereinbarung darüber herrscht, dass man am Tisch grundsätzlich auf die sogenannten modernen Medien, gemeint ist hier das Handy oder Smartphone, auch den Tablet-PC verzichtet. Wenn es hier wie da klingelt, dann gehe ich eben nicht ran. Ich bediene den Apparat nicht, weil ich im Konsens mit der Familie dies so vereinbart habe.

Damit habe ich nicht die Möglichkeit ausgeschlossen, die dem Kind verbleiben muss, frei darüber zu entscheiden, wann es in seiner ihm eigenen Freizeit ungebunden ist von dieser gemeinsam gewollten Vereinbarung.

Das Kind muss ja irgendwann essen. Und Kinder haben es lieber, nicht allein zu essen. Allein essen ist etwas ganz anderes für ein Kind als in der Gemeinsamkeit, etwa mit Kindern zusammen oder eben der Familie. Für das natürlich aufgewachsene Kind bleibt immer der Vorrang der Familie etwa gegenüber den "Hortkindern".

Mit anderen Worten: Die Zeit, wo das Kind frei mit dem Apparat korrespondieren soll und kann, diese Zeit *muss* abgesprochen werden.

Wir haben gesagt, wir wollen das Kind zur Selbstständigkeit erziehen. Dies kann aber nur in der Zeit vom ersten "Erwachen" bis zur Pubertät erfolgen. Die

Pubertätszeit und Nachpubertätszeit möchten wir an dieser Stelle einmal außen vor lassen.

In dieser vorgenannten Zeit habe ich als natürlicher Erzieher die Aufgabe, das Kind zur Selbstständigkeit zu erziehen. Zu dem, was die Natur in ihm ermöglicht hat. Wir haben weiter oben bereits über denkbare Beschränkungen gesprochen: Was ist, wenn das Kind den vielfältigen Anforderungen nicht entspricht und so fort. Auch dies lassen wir im Moment außen vor. Wir setzen hier den "normalen Fall" und gehen der Einfachheit vom normalen Kind aus.

Der Umgang mit den "modernen" Medien muss vom Kind gelernt werden, genauso wie das Rechnen, Schreiben und Lesen in der Schule oder anderes Lernen außerhalb von Schule.

Wir haben bereits mehrfach von der "Gängelei" gesprochen, die dadurch passiert, dass das Kind durch den Apparat/die Apparate gefordert ist, dauernd zu erzählen, wo es sich gerade aufhält oder was es im Moment tut. Der Umgang mit Medien unterschiedlicher Art, von denen ich als Erwachsener annehmen muss, dass es unabdingbar ist, dass es die Gegenwart wie Zukunft bestimmt, zwingt zunächst mich selbst, mich damit zu befassen und sodann das Kind schrittweise an diese Medien heranzuführen. Wir können und wollen weder die Medien noch die Zukunft aus der Welt schaffen. Ganz im Gegenteil! Infolgedessen können wir nur den *sinnvollen* Umgang mit der medialen Technik unserer Gegenwart und Zukunft lernen.

Wir hatten oben das Bild des familiären Zusammenkommens am Tisch aufgenommen und kommen nochmals darauf zurück. Sofern ich mein Kind "ÄL-TER MACHE", dann kann ich auch unter diesem Gesichtspunkt mit ihm darüber sprechen, dass wir bei Tisch und beim gemeinsamen Zusammenkommen die Medien zeitweilig nicht benutzen – und das bezieht natürlich auch die Erwachsenen mit ein. Es ist voll und ganz unsere ureigene Entscheidung, ob wir beim x-beliebigen Jingle als Klingelsignal diesem folgen und unmittelbar ans Handy oder Smartphone gehen oder eben nicht. Wir können infolgedessen durchaus sagen, dass auf gemeinsamen Veranstaltungen und beim Zusammenkommen, gleich welcher Art, der Apparat nicht bedient wird oder unseretwegen noch schärfer, sogar nicht einmal mitgenommen wird. Aus-nahmen bestätigen auch hier die Regel, wenngleich kein Mensch so wichtig ist, dass er stets und ständig "Always-In-Touch" und Online sein muss.[19]

"Von mir nicht und von dir auch nicht", so müsste die familiäre Absprache lauten. Ich muss hierzu die Zustimmung von dem als "erwachsen behandelten Kind" haben, sonst läuft hierzu nichts. Sofern ich hier etwas verbiete, darüber waren wir uns im Klaren, erreiche ich gar nichts. Ein Verbieten führt immer in die Sackgasse. Also benötige ich den Konsens. Es ist nicht nachzuvollziehen, dass der Konsens nicht mög-lich wäre.

Als Pädagogen und aus Erfahrung bleiben wir Optimisten. Die kritische Stimme in uns könnte durchaus sagen, woher begründet sich der Optimis-mus, dass man durch ein gemeinsames Gespräch zu einer Verhaltensänderung kommen kann. Die schwie-

---

[19] Wir sprechen hier nicht von Berufen mit Bereitschaftsdienst-zeiten und spezifischen Notsituationen.

rige Situation des Pubertierenden haben wir hierbei bewusst erst einmal ausgeklammert. Darauf kommen wir weiter unten zurück. Zu jeder Regel gibt es, wie gesagt wiederum Ausnahmen. Wir sprechen hier aber von der Regel. Diese Regel bezieht zwangsläufig die Frage mit ein: Wie komme ich dahin, dass das Kind das einsieht?

Zu *allererst* durch GEDULD. Kinder denken, um es im Bilde auszudrücken, gerne um die Ecke rum. "Das von A nach B auf kürzester Strecke-Denken" ist ausdrücklich nicht kindgemäß! An irgendeiner Stelle wird das Kind nämlich abgelenkt durch wiederum irgendetwas. Es begeht dann einen Umweg, kommt aber – sofern ich Geduld habe – wieder auf den Pfad zurück.

Das *Zweite* ist, und das ist vielleicht das, was am meisten überzeugt, mein eigener Umgang mit dem Apparat. Hier ist VORBILD gemeint, was im Grunde das Beste ist – wie eh und je. Es gibt nichts Besseres in der Erziehung, als wenn der Vater – um es in einer Umschreibung zu sagen – "kein Bier mehr trinkt". Wenn das Kind kein Bier trinken soll und ich selbst trinke laufend Bier, bin ich, gelinde gesagt, in dieser "Zwickmühle": Ich falle als Vorbild aus. Stattdessen nehme ich mir "Vor-Rechte" gegenüber dem Kind heraus. Und es ist fraglich, wie weit ich damit komme. Allerdings ist auch dies die Wirklichkeit. Diese Wirklichkeit bekommt insbesondere Bedeutung, wenn wir über das pubertierende Kind nachdenken.

Das Vorbild-Sein auf dem Gebiet im Umgang mit modernen Medien und den entsprechenden Apparaten ist ohne jeden Zweifel das Beste.

Doch oft können die Kinder den Spieß jedoch umdrehen. Sie sind über die Technik im Umgang mit dem Apparat oftmals besser informiert als die Eltern. Das ist natürlich immer "ein Schlag" gegenüber dem natürlichen Erzieher. Er MUSS als Erzieher im Besitz dieser Kenntnisse sein. Dies ist eine Erfordernis, welche im Grunde selbstverständlich ist. Der Erzieher muss sich nicht nur bewusst darüber sein, dass hinter der modernen Technik und den sogenannten Personal Media-Konzepten das Anliegen der Anbieter steht, den Kunden oder Nutzer möglichst ständig am Apparat zu halten, "an den Apparat zu binden". Ich muss als Erzieher dies nicht nur theoretisch wissen, sondern muss das im Umgang auch selbst im alltäglichen Gebrauch erfahren, um mit dem Kind – was die Technik betrifft – auf Augenhöhe kommunizieren zu können. Ich muss dies, salopp gesagt, "raffen", sonst kann ich zielgemäß nicht erziehen.

Ich muss wissen und selbst erfahren, dass mit der ständigen Präsenz des Mediums mobiles Internet sich Werbe- und Kaufangebote in die "Hosentasche" hinein transportieren lassen und andere Botschaften von zum Teil zweifelhaften Inhalten auch. Umsonst gibt es hier nichts oder in Japan gibt es dazu eine beliebte Redensart, die das vortrefflich ausdrückt: "Tada yori takai mono va nai", was bedeutet: "Nichts kostet mehr als das, was es umsonst gibt"!

Es wird immer mit irgendetwas bezahlt, wenn nicht mit Geld, dann mit ständiger Aufmerksamkeit und Präsenz, freier Zeit oder mit persönlichen Daten.

Kinder können dies in der Regel nicht von sich allein abschätzen. Sie müssen dies erst lernen, es muss ihnen folglich beigebracht werden. Und es ist kein einfaches Unterfangen, ein Kind so klug zu machen, dass es weiß, was es nicht tun oder in diesem Fall, besser nicht tun sollte.

Zum Erwachsenwerden gehört heutzutage auch, mit den modernen Medien unserer Zeit klug umgehen zu können. Ein Smartphone ist im Grunde kein Spielzeug und selbst eine Computer-Spielekonsole wie die "neue" Xbox One ist mit ihren eingebauten "Augen und Ohren" ebenso mit einiger Vorsicht zu genießen.[20] Selbst im heruntergefahrenen Stand-by-Modus registriert hier ein Mikrophon jedes Wort, und eine Software untersucht auch selbst das kleinste Gemur-

---

[20] Wie DIE WELT vom 20. Juni 2013 notiert: "Microsoft rudert bei Xbox-Einschränkungen zurück": Bei der Spielekonsole Xbox One sollte eigentlich eine ständige Internet-Verbindung zwingend nötig sein. Spätestens nach 24 Stunden hätte die Konsole ans Netz gemusst, andernfalls sollten auch Spiele auf DVD oder Blu-ray nicht mehr laufen. Die Xbox One sollte dabei auch erkennen, ob es sich um ein neues, gebrauchtes oder geliehenes Spiel handelt. Den Spieleherstellern, die in dem Gebrauchtmarkt für Spielesoftware einen Grund für sinkende Umsätze ausmachen, sollte es dann freigestellt werden, ob sie das Spiel blockieren oder freigeben. Die Nutzer reagierten empört. Datenschützer sprachen von der "Schnüffelbox". Nach massiver Kritik hat der Hersteller von seinem ursprünglichen Vorhaben abgesehen. Dennoch sollen Sensoren zur Erkennung von Körperbewegungen durch Funktionen zur Gesichts- und Spracherkennung ergänzt werden. Genauso wie die neue PlayStation des Mitbewerbers Sony soll die Xbox zur Multimedia-Plattform für das Wohnzimmer werden.

mel vor sich hin auf etwaige Schlüsselbegriffe. Dem gemäß nennen Datenschützer sie auch "Schnüffelbox". Man müsste ihr schon nach Gebrauch den Stecker ziehen, aber entspricht das der Wirklichkeit?

Sofern ich es erlaube, dass das Kind mit irgendeiner x-beliebigen Apparatur der virtuellen Welt umgeht, muss ich selbst in der Lage sein, das in den Grundzügen auch zu können. Ein einem Ziel gemäßes Erziehen macht es immer erforderlich, dass der Erwachsene das Ziel auch beherrscht, dass er weiß, wohin er erzieht! Er muss wissen, was mit dem Weg vermacht ist.

Die schwierige Situation für den Erzieher ist – wir haben es oben ausgeklammert und möchten jetzt darauf zu sprechen kommen – das **pubertierende Kind**.

Ob ein Unterschied zwischen Junge und Mädchen im Umgang mit Medien besteht, ist von Fall zu Fall zu entscheiden. Pauschal gesehen kann ein Unterschied in der höheren Affinität zur Technik beim männlichen Geschlecht und damit beim Jungen angenommen werden, was in der Praxis entsprechend oft bestätigt ist. Im Einzelfall jedoch wissen wir das nicht. Inwieweit es dem Jungen signifikant schneller als dem Mädchen gelingt, einen Zu- und Umgang zu und mit den modernen Medien zu gewinnen, halten wir jedoch für fraglich. Die seitens der Industrie bewusst intuitiv gesteuerte Heranführung an Apparat und Medium macht den Unterschied der Geschlechter in diesem Fall klein, sofern dieser hier überhaupt zum Tragen kommt. Andernfalls müsste gerade auch hier unterschieden werden zwischen dem pubertierenden Jungen und dem pubertierenden Mädchen. Wir möchten dies an dieser Stelle offen lassen.

An anderer Stelle haben wir bereits deutlich gemacht, dass es das Schönste sein kann, was einem natürlichen Erzieher passiert, wenn es zu einer gemeinsamen Gestaltung der Freizeit mit dem Kind kommt. Sofern Vater und Sohn sich gemeinsam für Fußball interessieren, selbst sofern es nur der "Hausfußball vorm Fernseher" ist, ist immerhin das gemeinsame Interesse für eine Sache da. Dass der gemeinsam erlebte Fußball auf dem grünen Rasen noch eine Kategorie darüber liegt, dürfte zweifelsohne Fakt sein. Doch besser ein gemeinsames Fußballgucken als gar nichts.

Bei dem pubertierenden Kind sind der beste Ansatz gemeinsame Interessen. Wenn diese nicht vorhanden sind, und das ist genauso Alltag, kann ich nur das intensiver mit Beweisen versehen erörtern, was ich mit dem vorpubertierenden Kind auch gemacht habe. Dieses Gespräch wird nur meistens um ein Vielfaches schwerer sein. Hier sind Argumente zu bringen, die um ein mehrfaches intensiver sein müssen, als bei dem kleinen Kind. Und selbst, wenn der Verstand dem gefolgt ist, heißt es noch lange nicht, dass das pubertierende Kind dies im Ergebnis auch umsetzt. Der Logik sind hier Grenzen gesetzt. Der Mensch besteht nun einmal nicht nur aus Geist, sondern in seiner Ganzheit ebenso noch aus Körper und Seele. Das pubertierende Kind in seiner Ganzheit zu "erreichen" ist eine besondere Herausforderung an und in der Erziehung. Der Appell ans ÄLTER-SEIN UND WERDEN kann auch hier helfen. Letztendlich möchte insbesondere der Pubertierende dahin. Doch die

Grundregel ist auch hier entscheidend wieder GE-DULD für das Gespräch und darüber hinaus.

Ein Mangel an Zeit kann bereits zu einem negativen Ergebnis führen. Ich muss mir Zeit nehmen. Ich muss auch wissen, dass mein Sohn oder meine Tochter die Zeit auch hat, dass er oder sie nicht voll verplant ist. Aber es ist nicht zu sehen, warum nicht in der einen oder anderen Abendstunde, vor dem Zu-Bett-Gehen oder gar am Bettrand ein solches Gespräch geführt werden könnte.

Nachdem mit dem pubertierenden Kind die Vorteile der Apparatur für uns Menschen allgemein, wie auch für bestimmte Industriebereiche und deren Interessen oder last but not least für das Kind im Besonderen im Gespräch durchgegangen sind, müssen die Nachteile deutlich gemacht werden. Zum Beispiel: Es kostet deine Zeit. Willst du die dafür aufbringen? Hast du so viel Zeit? Willst du auch das "nicht-virtuelle Gespräch" mit einem Freund führen? Willst du von deinem Taschengeld oder auch selbst verdientem Geld monatlich so und so viel dafür ausgeben, um ständig "In-Touch" sein zu können?

Moderne Medien sind darauf angelegt, dass man ihnen weit mehr Zeit widmet als einem lieb und teuer und in vielen Fällen auch bewusst ist.

Die Fragen darauf sind: Inwieweit ist dir das bewusst? Ist dir bewusst, dass eine Vielzahl der übers Internet heruntergeladenen und gespielten Spiele so programmiert sind, dass du innerhalb bestimmter Zeiträume oder sogar genau vorbestimmten Zeiten reagieren musst, um weiter spielen zu können? Ist dir bewusst, dass ein in dieser Art und Weise vorprogrammiertes Spiel über deine Zeit bestimmt und dich gängelt? Du musst denkbar irgendwelche virtuellen Tiere füttern und striegeln, du musst "strategische Schlachtordnungen aufstellen", dich darin womöglich stets und ständig neu positionieren und mit vielleicht ein paarhundert virtuellen Freunden in Kontakt bleiben, hier einmal etwas "Posten" und da etwas "twittern"? Ist dir bewusst, dass es das grundsätzliche Ziel ist, dich allzeit und ständig ans Medium, ans Smartphone oder an den Tablet-PC zu binden, du bist "Always-In-Touch"?

Die Überlegenheit, die der Erwachsene in Argumenten hat, bedingt, dass ich mir den Zeitraum bewusst auswähle, um genügend Ruhe zu haben, um für mich und damit die Geduld, Gedanken und Argumente im Gespräch entwickeln zu können. Es sei nochmals klar gesagt: Geduld "kostet" Zeit!

Aber, wer will uns wirklich weismachen, dass die Zeit nicht zu erwirken ist, wenn man selbst auf bestimmte Umgänge mit aller Art Medien verzichtet: als Erwachsener!

Wenn das Kind unterwegs laufend angerufen wird und berichten soll, wo es gerade ist, nimmt es dem Erwachsenen genauso die Zeit weg wie sich selbst. Der Erwachsene bringt also dafür Zeit ein. Was ist, wenn er das dosiert? Was ist, wenn er diese Zeiträume auf ein Minimum einschränkt, um die Selbstständigkeit des Kindes zu fördern?

Der Zugang zum angesprochenen Medium hat entscheidend auch übers finanzielle Problem zu erfolgen. Dies gilt insbesondere beim pubertierenden Kind. Wenn Vater und Mutter dem Kind deutlich machen, das verdienen wir im Monat, davon gehen ab an Essen und Trinken, Haushalt, Verkehrsmittel samt Auto(s) und so fort und darüber hinaus steht uns das zur Verfügung, wovon noch deine "Klamotten" zu bezahlen sind, die der Eltern und der anderen in der Familie. Es bleibt folglich noch ein kleiner Betrag zurück. Und über diesen Betrag können wir uns unterhalten, wofür wir den verwenden.

Es ist nicht einzusehen, dass nicht auch dieses Mittel mitberücksichtigt werden muss, um die Wirklichkeit im Erziehungsprozess des Kindes wiederherzustellen. Die Wirklichkeit sieht so aus, dass Vater respektive Mutter oder Vater und Mutter im Monat nur über ein bestimmtes Gehalt verfügen. Mehr ist nicht da. Warum soll nicht diese Komponente im Sozialgefüge zwischen Vater respektive Mutter und Kind einbezogen werden?

Das Kind soll auf der einen Seite aus der virtuellen Welt in die Wirklichkeit hineinwachsen, aber wenn ich die Wirklichkeit gegenüber dem Kind nicht sage oder nicht zeige, dann kann es natürlich keinen Erfolg geben.

Auch wenn diese Wirklichkeit womöglich nur über die Dominanz des Finanziellen erreichbar ist, dann haben die Eltern das gute Recht zu sagen: Das Geld haben wir nicht. Dann müsstest du es beschaffen. Du darfst aber bis zu einem bestimmten Alter überhaupt kein Geld verdienen. Das ist Wirklichkeit.

Warum sollte der natürliche Erzieher dem Kind diese Dominanz vorenthalten oder etwas anderes vorspielen? Es muss wissen, dass Vater und Mutter dafür kein Geld haben. Wenn es das ist, dann kommt das Verständnis des Kindes ganz automatisch. Es kann dann natürlich "rumoren" gegenüber der Tatsache, dass es "so geschädigt" ist gegenüber anderen, die reichere Eltern haben und so fort. Diese Litanei ist so uralt wie die unterschiedlichen Finanzsituationen "bei den Ständen" waren und wahrscheinlich sogar darüber hinaus.

Wir können den Zugang zu den modernen Medien nicht verbieten. Das wäre nicht nur mit Bezug auf die Wirklichkeit falsch, es wäre auch erzieherisch keineswegs sinnvoll. Unabhängig davon wollen wir das auch nicht. Es wäre Unsinn, den Fortschritt verbieten oder gar gegen diesen leben zu wollen. Das geht nicht.

Das Kind möchte und soll dahin, aber dies geht nur um den Preis, dass man das Kind dafür reifer und im weiter gefassten Sinne ÄLTER macht. Da möchte es ohnehin hin. Aber mit den modernen Medien womöglich sogar Teile der Erziehung in diese Medien hinein zu delegieren oder abgeben zu wollen, sich als Erzieher womöglich zurückzuziehen und darüber froh zu sein, dass das Kind beschäftigt ist und den "verdienten" Feierabend nicht stört, ist ein fataler Trugschluss.

Die virtuelle Welt ist nur "virtuelle Welt" und die Wirklichkeit ist nicht zwangsläufig mit dem Virtuellen identisch. Das Reale, die Wirklichkeit in dem "Spiel" ist letztendlich der Kunde, er ist die einzige Realität im Gegenüber zur virtuellen Welt.

Diese unterschiedlichen Welten – real und virtuell – kommunizieren zwar miteinander, aber sie haben eben auch ganz eindeutige Unterschiede. Und Erziehung lebt nun einmal in der Wirklichkeit.

Es ist beispielsweise Wirklichkeit, dass viele Elternteile mit einer einzigen Berufstätigkeit nicht mehr auskommen, rein finanziell nicht. Sie müssen einen Zusatzverdienst haben. Teils geschieht dies durch allerlei Gelegenheitsarbeit, teils durch Teilzeitjobs und teils durch mehrere Jobs in unterschiedlicher Art und am unterschiedlichen Ort. Das ist die Wirklichkeit, in der immer mehr Menschen in Deutschland leben und leben müssen, bis hin zu den Rentnern, die nicht mehr von der Rente leben können. Was bedeutet das?

Die finanziellen Möglichkeiten zwingen dazu, dass wir einen gewissen Rückschritt im äußeren Zusammenleben einplanen und hinnehmen müssen. Das heißt, dass die Ressourcen zurückgeschraubt werden müssen.

Das wiederum heißt, dass in den Familien das Diktat des monatlichen Auskommens radikal zunimmt. Damit ist ein Teil der virtuellen Welt zwangsläufig beschnitten. Diese wird es weiter geben, aber in dem Umfang, wie die Novität sich uns im Augenblick darstellt, ist das nicht zu halten. Zumindest nicht finanziell.

Wir glauben dies ganz einfach aus nüchternen Erwägungen heraus. Man kann sich einen Apparat nur dann anschaffen oder einen Vertrag auf ein- oder zumeist zwei Jahre Laufzeit nur dann eingehen, wenn man es entweder in bar bezahlen oder in monatlichen Raten abzahlen kann. Auch wenn man den neuesten "Apparat" nicht hat oder den ständigen Zugang ins Virtuelle sich nicht leisten kann, auch dann wird man leben können. Welchen "Preis" man dabei womöglich kommunikativ bezahlen muss, oder welche Bedeutung der denkbare Verlust der Vernetzbarkeit oder deren Einschränkung (in Zeiteinheiten oder in Bezug auf die Geschwindigkeit des Datenabgriffs) real für den Einzelnen oder die Familie hat, wird der Bezahlbarkeit untergeordnet sein müssen. Anders wird es nicht gehen.

Die Angst, dass die Apparatur, das Internet "uns frisst", teilen wir, die Urangst hingegen nicht. Wohl können wir die derzeitige Angst verstehen. Dass etwa Eltern auf dem Gebiet nicht mehr ein noch aus können, ist verständlich. Sie wissen nicht mehr, wie sie mit der Zeit klarkommen und sie wissen nicht mehr, wie sie mit dem Geld klarkommen sollen. Das ist die Wirklichkeit, vor der sie stehen. Und dann sollen sie noch "zusätzlich erziehen"! Wie soll das alles gehen?

Dies angeblich "zusätzliche Erziehen", können wir nicht verstehen. Es ist deshalb nicht zu verstehen, weil Zusätze gar nicht nötig sind.

Nur die Gruppierung, die Art des Umgangs mit dem Kind, ist auf Grund der Art und des neuen Umfeldes anders, nicht jedoch der ganze Erziehungsprozess!

Dass das Entdecken und Einarbeiten in neue Umfelder auf Seiten des Erziehers Zeit und Geld kostet, ist ein Fakt. Auf der anderen Seite haben wir bereits hervorgehoben, dass durch die virtuelle Welt nicht nur neue Welten erzeugt werden, sondern auch Zeit regelrecht "geklaut" wird.

Vater und Mutter müssen, nachdem sie etwa die Machenschaften erkannt und die "Abzocke im Kidsbereich" durchblickt haben, welche maßgeblich dazu dient, unternehmerisch weiteren Umsatz zu schaffen, nicht laufend weiter Zeit ins Medium investieren, wenn sie das erkannt haben. Dann ist der Erkenntnisbereich zunächst abgeschlossen.

Der Erwachsene kann in der Regel schnell feststellen, dass dies und jenes zu bestimmten Zeiten im Programm oder "Online" ist und fordert dazu auf, dass das Kind genauso vor dem Apparat sitzt, um übers Internet mitzuspielen. Jetzt kommt die Überlegung des Erwachsenen, wie er es schafft und verantworten kann, dass das Kind diesem Zeitaufwand entspricht.

Es ist im Kern nichts anderes, als ob ich eingreife, weil mein Kind noch immer draußen spielt und ich weiß, dass es ins Bett muss, damit es ausreichend schläft. Es ist doch ein Unterschied, ob ich als Erwachsener dieses Draußen-Sein noch andauernd mitmachen muss. Genauso muss ich doch nicht andauernd im virtuellen Spiel mitspielen, wenn im Grundsatz klar ist, was dort abläuft.

Infolgedessen ist es wie bei anderen Extremen auch nur eine Belastung und damit Gefährdung des Kindes.

Elterliche Erziehung ist von Haus aus immer unbegrenzt. Diese Erziehung läuft Tag und Nacht und kennt keine Zusätze …

EPILOG

Wenn es einen Glauben gibt, der Berge versetzen kann,
so ist es der Glaube an die eigene Kraft.
Marie von Ebner-Eschenbach

Liebe(r) Leser(in)!

Sofern Du unsere Ausführungen über Erziehungsfragen in heutiger Zeit gelesen hast, könntest Du Dich fragen, ob Du den Mut zur Erziehung "trotz der Widrigkeiten, die mit "natürlicher Erziehung" vermacht sind, überhaupt aufbringen kannst. Unsere Antwort darauf lautet: "Wenn du dein Kind liebst, schaffst Du es allemal".

Wenn Du weiter fragst: Worin bestehen denn die Unterschiede zwischen "natürlicher" und "professioneller" Erziehung, antworten wir: "Natürliche" Erziehung beruht und ist Ausdruck der psychischen Bindung zwischen Mutter | respektive Eltern und Kind, gründet also in der Liebe. Und sie gleicht und ist deshalb "natürlich", weil sie ihr Ebenbild in der Fürsorge des "Muttertieres" für sein Junges bis zum "Flüggewerden" findet. Keine andere Instanz kann diese Aufgabe voll ersetzen.

Professionelle Erziehung ist für den Menschen notwendig, um ihn zu befähigen, unterschiedliche Kulturtechniken zu erlernen und für sich zu nutzen, beispielsweise auf der Anfangsstufe das Lesen, Schreiben, Rechnen bis hin zu den Sachbereichen der Fach-Hochschulen, Akademien und so fort. Falls der "natürliche" Erzieher ausfällt, beispielsweise durch schwere Erkrankung oder Tod, muss zunächst die "Großfamilie" – und wenn diese nicht vorhanden ist –

149

last but not least staatliche oder andere öffentliche "Hilfsorganisationen" zur Erziehung herangezogen werden. Dass diese "Notlösungen" für viele Kinder unseres Volkes leider "Wirklichkeit" sind, kann nicht bestritten werden.

Liebe kann nicht "verordnet" werden. Umso mehr muss um das Verständnis für die besondere, herausragende elterliche und damit "natürliche Erziehung" geworben werden; zumal – und dessen sind wir uns völlig sicher – den Eltern, der Mutter, dem Vater in und mit der Liebe zum Kind die Zukunft aus ideellen und pragmatischen Gründen (fehlender Ressourcen) gehört.

Die Verfasser

LITERATUR

Alexander E. Blick in die Ewigkeit. Die faszinierende Nahtoderfahrung eines Neurochirurgen. München: Ansata, 2013.

Allmendinger J, Haarbrücker J, Fliegner F (Mitarbeit). Lebensentwürfe heute. Wie junge Frauen und Männer in Deutschland heute leben wollen. Kommentierte Ergebnisse der Befragung 2012. Studie WZB, infas Institut und 'Brigitte'. Berlin: Discussion Paper P 2013-002, September 2013.

Ariès P. Geschichte der Kindheit. München: dtv, 12. Auflage 1998.

Bertram H, Stein T, Niejahr E und Mitwirkung der Roland Berger Strategy Consultants GmbH (RBSC). Starke Kinder – Starke Familie. Wohlbefinden von Kindern in Städten und Gemeinden. Studie im Auftrag der Robert Bosch Stiftung. Stuttgart: Robert Bosch Stiftung, 2012.

Biedenkopf K, Bertram H, Niejahr E mit Gastbeiträgen von Buschkowsky H, Hassemer V, Häussermann H, Offe C, Riedmüller B, Rürup B / Ranscht A, Stein T und Strohmeier KP. Starke Familie – Solidarität, Subsidiarität und kleine Lebenskreise. Bericht der Kommission »Familie und demographischer Wandel«. Studie im Auftrag der Robert Bosch Stiftung. Stuttgart: Robert Bosch Stiftung, 2009.

Bolz R. Die Helden der Familie. München: Wilhelm Fink, 2006.

Block K. Geht es ihnen gut, oder haben Sie Kinder auf dem Gymnasium? Frankfurt a. M.: Eichborn, 1995.

Cordes PJ. Die verlorenen Väter. Ein Notruf. Freiburg: Herder, 2002.

Gardner H. Abschied vom IQ. Die Rahmen-Theorie der vielfachen Intelligenzen. Stuttgart: Klett-Cotta, 1991.

Google, Otto-Group, tns infratest, TREND Büro. GO-SMART-STUDIE 2012. Always-In-Touch. Studie zur Smartphone-Nutzung 2012.

Ebel C. Chancenspiegel 2013. Zur Chancengerechtigkeit und Leistungsfähigkeit der deutschen Schulsysteme mit einer Vertiefung zum schulischen Ganztag. Eine Studie des Instituts für Schulentwicklungsforschung (IFS) der Technischen Universität Dortmund und des Instituts für Erziehungswissenschaft (IfE) der Friedrich-Schiller-Universität Jena in Kooperation mit der Bertelsmann Stiftung. Gütersloh: Bertelsmann-Stiftung, 2013.

Hassenstein B. Verhaltensbiologie des Kindes. Überarbeitete und erweiterte Neuausgabe. München: Piper, 1998.

Hassenstein B und H. Unvorhersehbares und Gesetzmäßiges in der Verhaltensentwicklung des Kindes. In: SOZIALPÄDIATRIE, Kinder- und Jugendpsychologie. Jg. 1997, Heft 1/97, Seite 26–31.

Hédervári-Heller É, Maywald J, Meier-Gräwe U, Lehmkuhl U, Peschel-Gutzeit LM, Rakete-Dombek I, Resch F, Thyen U, Viernickel S. Positionspapier der Deutschen Liga für das Kind: Gute Qualität in Krippe und Kindertagespflege. Berlin: 2013.

Horx M. Die Reise mit den Söhnen. Das Computerspiel World of Warcraft und sein pädagogischer Nutzen. In: Psychologie Heute. Jg. 2007, Heft 12/07. Weinheim: Beltz, 2007, Seite 45–51.

Jaspers K. Die geistige Situation der Zeit. Berlin: Walter de Gruyter, 5. Auflage 1932.

Juul J. Wem gehören unsere Kinder? Dem Staat, den Eltern oder sich selbst? Weinheim und Basel: Beltz, 2012.

Luhmann N. Das Kind als Medium der Erziehung. Frankfurt a. M.: Suhrkamp, 2006.

Pestalozzi JH. Wie Gertrud ihre Kinder lehrt. Ein Versuch den Müttern Anleitung zu geben, ihre Kinder selbst zu unterrichten, in Briefen. Bad Schwartau: Wfb, 2006.

Tifkin J. Das Ende der Arbeit und ihre Zukunft. Frankfurt a. M.: Campus, 2. Auflage 1996.

Sandel MJ. Was man für Geld nicht kaufen kann. Die moralischen Grenzen des Marktes. Berlin: Ullstein, 2012.

Schmidbauer W. Jetzt haben, später zahlen. Die seelischen Folgen der Konsumgesellschaft. Reinbek bei Hamburg: Rowohlt, 1996.

UNICEF-Vergleichsstudie 2013. Child well-being in rich countries. A comperativ overview. Florence: Unicef Office of Research – Innocenti, 2013.

ÜBER DIE AUTOREN

Dr. Gustav Hoffmann, 1922 in Hamburg-Altona geboren, ist Pädagoge und Oberstudiendirektor a. D. mit den Fächern Deutsch, Erdkunde und Musik. Sein Referendariat und für die spätere Schulpraxis prägende pädagogische Erfahrungen machte er einerseits in einem privaten, staatlich anerkannten Internatsgymnasium an der Schlei sowie anderseits in einem musischen Gymnasium in Hamburg. Ab 1957 war er als leitender Pädagoge und Lehrer im sogenannten Hamburger Schulversuch tätig, in welchem einerseits die Klassen 1 bis 10 integrativ und andererseits ein neusprachlich- und mathematisch-naturwissenschaftliches Gymnasium mit Französisch als zweiter Fremdsprache ab Klassenstufe 5 parallel zueinander geführt und die Schüler mit der 11. Klassenstufe bis zum Abitur zusammengeführt wurden. Von 1966 bis 1985 war er Schulleiter eines neu aufgebauten Hamburger Gymnasiums. Er hat zwei erwachsene Töchter und mehrere Enkelkinder. Er lebt seit 2011 in einem Hamburger Seniorenheim.

Dr. Peter-Alexander Möller, 1954 in Hamburg-St. Georg geboren, ist Pädagoge und examinierter Lehrer mit den Fächern Physik, Deutsch und Philosophie. Er ist Unternehmer und Stifter bzw. als geschäftsführender Gesellschafter einer seinerseits gegründeten Stiftung verantwortlich für einen anerkannt renommierten "Think Tank", wo unter gegenseitiger Akzeptanz der sog. "Chatham House-Regel" führende Experten aus der Gesundheitswirtschaft und Industrie, Politiker, Intellektuelle und Journalisten zusammenkommen, um über die dringlichsten Fragen der Gesundheitsbranche als Wachstums- und Wirtschaftsfaktor zu diskutieren: HUMANER – LEISTUNGSFÄHIGER – ERFOLGREICHER – PATIENTENORIENTIERTER. Im Zentrum stehen offensive Diskurse für Innovationen in Medizin und Gesundheitswesen, die das Leben besser machen.

Er ist Autor an die 100 medizinischer und heilkundlicher Artikel in Fach- und Publikumszeitschriften. Des Weiteren ist er Herausgeber mehrerer Fachbücher und Kongress-Reader sowie geladener Repräsentant auf Kongressen. Als Heilpraktiker hat er über rund drei Jahrzehnte eine Praxis für "Klassische" Akupunktur betrieben. Er ist verheiratet, hat fünf Kinder – die zum Teil bereits erwachsen und zum anderen noch schulpflichtig sind. Er lebt mit seiner Familie nördlich von Hamburg.